Kinderprogramm im Nationalpark Hohe Tauern

Besonderheiten im Osttiroler Teil des Nationalparks Hohe Tauern:
– Haus des Wassers: Diese bedeutende Bildungseinrichtung wurde für die forschende Jugend Europas in St. Jakob in Defereggen eingerichtet.
– Natur-Kulturweg Debanttal
– Natur-Kulturlehrweg im Innersten Defereggental
– Wassererlebnisweg in St. Jakob in Defereggen
– Schaubergwerk Knappengrube Blinids
– Schaubergwerk Hofergraben
– Naturlehrweg im Dorfer Tal
– Gletscherlehrweg Innergschlöss
– Wasserschaupfad Umbalfälle
– Alpenzauber – Weg der Sinne, 1. österreichischer Blindenweg, in Virgen

– Waldlehrpfad Zedlacher Paradies: Zu den Informationstafeln mit vielen regionalbezogenen Geschichten hat der Matreier Kunstschlosser Erich Trost Figuren geschmiedet. Sie verstärken die märchenhafte Wirkung des Waldes mit den ältesten Lärchen Osttirols. Der Rundgang dauert ca. eine Stunde. Der Parkplatz befindet sich beim Jösen-Hof oberhalb von Zedlach.
– Natur-Erlebnispfad für Kinder und Eltern: Spielerisch lernen die Kinder in Begleitung Ihrer Eltern die Natur der Bergwelt kennen. Der Ökopfad mit sieben Stationen beginnt in Kals/Großdorf und führt zum Weiler Taurer. Eine Begleitbroschüre gibt tiefen Einblick in die kleinen Naturwunder und fordert zur Beschäftigung auf!
– Europa-Panoramaweg (zwischen Blauspitz Bergrestaurant und Bergrestaurant Goldried/Bergstation)

Besonderheiten im Salzburger Teil des Nationalparks Hohe Tauern:

Im Nationalpark Hohe Tauern leben Bartgeier

Rauriser Urwald im Rauriser Tal: Der naturnahe Bergsturzwald ist durch einen gut begehbaren Lehrweg erschlossen. Dieser führt auch zu einem kleinen Waldmuseum im Durchgangwald. Dabei handelt es sich um ein kleines, in den Sommermonaten geöffnetes Waldhaus, in dem verschiedene ökologische Darstellungen über den von Moortümpeln durchsetzten urigen Bergsturzwald zu betrachten sind.
Tauerngold-Rundwanderweg im Rauriser Tal: Vom Naturfreundehaus Neubau führt ein Rundwanderweg durch ein kulturhistorisch äußerst interessantes Gebiet. Er erschließt alte Stolleneingänge und teilweise verfallene Knappenhäuser. Während der Blütezeit des Goldbergbaues bis zur Mitte des 16. Jh. schürften hier rund 2000 Knappen nach dem begehrten Edelmetall.
Gänse- oder Weißkopfgeier und Bartgeier im Rauriser Tal: Die mächtigen Gänse- oder Weißkopfgeier überfliegen während der Sommermonate weite Gebiete der Hohen Tauern. Mit etwas Glück kann der aufmerksame Wanderer diese herrlichen Vögel an schönen Tagen in der Nähe ihrer Schlafplätze im hinteren Rauriser Tal beobachten. Die Bartgeier wurden 1986 erstmals wieder ausgesetzt (Projekt des WWF und des Alpenzoos Innsbruck).

Besonderheiten im Kärntner Teil des Nationalparks Hohe Tauern:
Gamsgrube (Heiligenblut): Dieses einzigartige Flugsandgebiet enthält zahlreiche botanische Kleinode. Die Gamsgrube ist das am strengsten geschützte Naturgebiet Österreichs. Betreten verboten!
Gletscherweg Pasterze (Heiligenblut): Dieser mit 13 Haltepunkten gekennzeichnete Lehrpfad beginnt beim Glocknerhaus an der Großglockner-Hochalpenstraße, führt zum Kaiser Franz-Josef-Haus, am Sandersee vorbei und zum Margaritzenstausee. Auf der Kaiser-Franz-Josef-Höhe wurde am 1. August 1998 ein neues Wahrzeichen, die Wilhelm-Swarovski-Beobachtungswarte, eine eindrucksvolle Holz-Glasarchitektur, eröffnet.

Der Nationalpark Hohe Tauern wurde von der IUCN anerkannt und in die Liste der Nationalparke aufgenommen!

Matrei in Osttirol: Das Nationalparkhaus am Kirchplatz

Auf Tour mit den Nationalparkrangern

Die Nationalpark-Ranger führen viele Exkursionen zu besonders beeindruckenden Naturschönheiten. Wer also Natur gemeinsam erleben will ist hier gut aufgehoben. Im Sommerprogramm sind alle Veranstaltungen aufgeführt. Sie sind auch im Internet unter www.hohetauern.at abrufbar.

Auskünfte über den Nationalpark Hohe Tauern erhalten Sie bei folgenden Stellen:

- Nationalpark Hohe Tauern – Salzburg
  5741 Neukirchen am Großvenediger 306
  Telefon: 0 65 65/65 58, Fax: 0 65 65/65 58-18
  nationalpark@salzburg.gv.at • www.hohetauern.at
- Nationalpark Hohe Tauern – Tirol
  Kirchplatz 2, 9971 Matrei in Osttirol
  Telefon: 0 48 75/51 61, Fax: 0 48 75/51 61-20
  nationalparkhaus@hohetauern.at • www.hohetauern.at

Quellenangabe zu Sperrgebieten:

Im Bemühen um eine partnerschaftliche Verträglichkeit von Interessen der Jagd- und Forstwirtschaft mit Bergsteigern, Bikern und Wanderern hat der Österreichische Alpenverein – www.alpenverein.or.at/naturschutz (Bergsport und Umwelt), Telefon ++43/(0)512/59547 – eine Datenbank erstellt, in der sämtliche in Österreich vorhandenen jagdlichen, forstlichen und militärischen Sperrgebiete und Wildschutzgebiete sowie alle bedeutenden Natur-, Landschafts- und Sonderschutzgebiete erfasst sind. Die KOMPASS-Karten GmbH dankt dem Österreichischen Alpenverein für die erteilten Informationen zur vorliegenden KOMPASS-Wanderkarte.

Zentralalpen

Die große geologische Übersicht zeigt den Aufbau der Alpen in drei übereinanderliegenden Decken. Von unten nach oben sind dies die Helvetische, die Penninische und die Ostalpine Decke. Im Engadiner- und Tauernfenster tritt die Penninische Decke an die Oberfläche. Auch das Randgebiet des Tauernfensters wird zu den Zentralalpen gezählt, jedoch gehört dieses zur Oberostalpinen Decke, zur Oberen oder Äußeren Schieferhülle. Die über den Zentralgneiskernen (Venediger-, Granatspitz-, Sonnblick-Hochalm- und Ankogel-Gruppe) liegende Schieferhülle weist großteils Gesteine mesozoischen Ursprungs, aber auch paläozoische auf. In der Schieferhülle treffen wir auf metamorphe, sedimentäre und eruptive Gesteine. Der Zug von Klammkalken auf der Südseite des Salzachtals ist mit der Radstädter Decke, dem obersten Teil der Ostalpinen Decke tektonisch verbunden. Die Schieferzone nördlich des Alpenhauptkammes wird hauptsächlich aus Phylliten, Kalkglimmerschiefern und Quarziten zusammengesetzt. Durch den Phyllitanteil wird die Steilheit der Hänge bewirkt. Im Anschluss an die Obere Schieferhülle der Zentralalpen liegt im Norden das tektonisch vorgezeichnete Salzachtal. Zum Salzachtal hin entwässern mehrere nach Norden gerichtete Tauerntäler den Alpenhauptkamm. Morphologisch sind hierbei zwei Typen zu unterscheiden: Das Kerbtal (Mühlbachtal) und das eiszeitlich überformte Trogtal (Fuscher- und Kapruner Tal). Das Fuscher Tal hat eine etwa 500 m breite Talsohle und ein Gefälle von etwa 10 Promille. Die Fuscher Ache ist an mehreren Stellen reguliert. Mehrere Stufen dieses Tales lassen Rückschlüsse auf eine mehrmalige Hebung des Gebirgsstockes schließen. Einerseits ist das Ferleitental durch die Engstelle der Bärenschlucht vom übrigen Talverlauf abgesetzt, andererseits ist zwischen Judendorf und Stullerfusch eine weitere, wenn auch nur kleine Stufe festzustellen. Bei Pichl schließlich haben wir es mit einer Verebnungsfläche zu tun, die im eiszeitlichen Gletschervorfeld gebildet wurde und sich an eine Endmoräne anschließt. Durch diese bahnt sich die Fuscher Ache ihren Weg.

Das Kapruner Tal ist ähnlich dem Fuscher Tal ein Trogtal. Auch hier trifft man eine besonders markante Stufe im Talboden, beim Bürgkogel, an. Der Name Au zeigt, dass es sich hier vor dem Aufstau der Kapruner Ache um ein versumpftes Gebiet gehandelt haben mag. Der Stausee liegt etwa 850 m hoch, die Kapruner Werksiedlung 750 m.

Betrachtet man den Querschnitt des Tales im oberen Verlauf, so erweist sich das Sohlenkerbtal als stark asymmetrisch. Dies ist durch das Schichtfallen von Ost nach West bedingt, wobei die Schichtköpfe auf der Ostseite sind, und diese dadurch steiler ist. So macht sich der Gesteinsuntergrund bei der Formengestaltung deutlich bemerkbar. Die Hänge des Gebirges sind steil, bewaldet und weisen sanfte Hügelformen erst in der Almregion (1500 bis 1800 m) auf. Die Täler sind meist sehr eng, was auf die starke Erosionstätigkeit der Bäche besonders zur Zeit der Schneeschmelze zurückzuführen ist. In Verbindung mit der Ausweitung der Almregion durch Rodungstätigkeit wurde mancherorts der Schutzwaldgürtel stark eingeengt, wodurch die Lawinen in schneereichen Wintern beträchtlichen Schaden anrichten. Ebenfalls durch diese Beengung des Waldes wurden Wildwasserverbauungen notwendig, um die auf den Schwemmkegeln liegenden Ansiedlungen vor Schäden zu bewahren. Auffallenderweise ist in den meisten Orten, die auf solchen Kegeln liegen, der durch die Ortsmitte geradlinig verbaute Bach zu beachten, der im Sommer als schmales Rinnsal, im Frühjahr und nach heftigen Gewittern als tosender Wildbach seinen Weg ins Tal nimmt. Großflächige Rodungen sind unter anderem bei der Platt-, Grün- und Unterbergalm festzustellen. Die höchste Dauersiedlung finden wir südlich von Niedernsill auf etwa 1100 m. Dachslehen und Abendsberg liegen ebenfalls auf 1000 m. Die Flächen um die Höfe wurden durch Rodung vergrößert oder vielleicht überhaupt erst geschaffen. Zahlreiche verstreute Heustadel und Almen lassen auf bevorzugte Viehwirtschaft, die im Staffelbetrieb geführt wird (Heimgut, Aste, Hochalm), schließen. Die Siedlungsformen sind, abgesehen von einigen Einhöfen (Hedlehen, Hasenstang), durchwegs Weiler mit bis zu fünf Gebäuden (Fallensreith). In den vergangenen Jahrhunderten war der Großgrundbesitz weit verbreitet, noch heute weisen die Hofnamen mit der Endung -lehen darauf hin.

Glocknergruppe

Dieser mächtige Gebirgsstock, der im 3798 m hohen Großglockner Österreichs größte Gipfelhöhe erreicht, wird aus mehreren Gesteinsfamilien aufgebaut. Im Bereich um Fusch trifft man den dunklen Phyllit an, der aber im Bereich des Kapruner Tals (Kitzsteinhorn, 3203 m, Hoher Tenn, 3368 m, und Großes Wiesbachhorn, 3564 m) sowie östlich des Großglockners vom Kalkglimmerschiefer abgelöst wird. Der Kalkglimmerschiefer, der in wechselnder Gesteinszusammensetzung hier auftritt, bildet die für den Bergsteiger so gefürchteten Bratschenhänge, sandige, dunkelbraune, steile Hänge, in denen Steigeisen oft von Vorteil sind. Besonders schön sind die Bratschen entlang des Gleiwitzer Höhenweges ausgeprägt, der vom Stausee Mooserboden über den Kempsenkogel zur Gleiwitzer Hütte führt und auf der Kapruner Seite durch einen Riß hinauf durch dieses unwegsame Gelände vorgezeichnet ist. Entlang der Großglockner-Hochalpenstraße und im Ferleitental sind Quarzite und Phyllite der Jurazeit verbreitet. Im Bereich des Großglockners tritt der Zentralgneis in den Untergrund und die Schieferhüllen greifen über den Kamm hinweg. Somit liegt der Großglockner eigentlich in einer geologischen Tiefenzone. Die große Höhe ist dadurch bedingt, dass Prasinite (grünliches Gestein) als harte Erstarrungsgesteine auftreten und Härtlinge herauspräpariert werden (Glockner-Prasinit-Härtling).

Die Pasterze mit dem Großglockner

Den landschaftlichen Kern der Glocknergruppe stellt die rund 19,5 km² große **Pasterze,** der flächenmäßig größte Gletscher der Ostalpen, dar. Mit einer Länge von 9,5 km zählt sie zum Typus der Talgletscher; ihre Dicke beträgt 250 m. Die Pasterze wurde in den letzten Jahrzehnten ein Schwerpunktgebiet der Glaziologie. Aus dem Nährgebiet der Gegend um den Johannisberg und des Vorderen Bärenkopfes fließen die zähen Eismassen über den Obersten Pasterzenboden zwischen den beiden Burgställen hindurch zum Margaritzenstausee an der Gletscherzunge. Durch die unterschiedliche Geschwindigkeit im Eis (in der Gletschermitte bis 100 m pro Jahr, am Rand oft nur wenige Meter) bilden sich die charakteristischen Gletscherspalten aus, die aber auch durch den Untergrund hervorgerufen werden können, wie etwa beim Eisbruch am Oberen Pasterzenkees. Durch die unterschiedlichen Sonnenbestrahlungsverhältnisse schmilzt das Eis direkt unterhalb des Hofmannskees weniger ab, obwohl es mit mehr Moränenschutt bedeckt ist, so dass die orographisch rechte Seite des Gletschers bis hinunter zum Elisabethfelsen (2158 m) reicht. Während man heute den Inhalt des Eises auf etwa zwei Kubikkilometer schätzt, waren in den vergangenen Jahrhunderten die Eismassen um etwa ein Drittel größer als heute, was auf die unterschiedlichen Klimabedingungen zurückgeführt wird. Der Glaziologe Viktor Paschinger berichtet, dass aufgrund der Vermessung der Moränenwälle der Gletscher im Jahre 1856 bei einer Länge von 11 km eine Ausdehnung von 36 km² hatte. Das hieße, dass sich die Eismassen nur knapp unter der heutigen Kaiser-Franz-Josef-Höhe befanden. Die etwa 40 Gletscher (von den Einheimischen als Kees oder Winkel bezeichnet) der Glocknergruppe verteilen sich auf die verschiedenen Kämme dieser Gebirgsgruppe, wenngleich ein Großteil von ihnen direkt dem Glocknerkamm zugerechnet wird. Hierzu gehören u. a. das Kasten-, Laperwitz-, Fruschnitz-, Teischnitz-, Ködnitz-, Leiter-, Hohenwart-, Schwerteck-, Kellersberg-, Hofmanns-, Glockner- und Teufelskampkees. Die Pasterze wird bereits zum Tauernhauptkamm gezählt, zu dem auch das Südliche und Nördliche Bockkarkees sowie das Fuscher-Kar-Kees im Mittelstück des Hauptkamms gehören. Im Anschluss daran bildet zwischen der Unteren Pfandlscharte und dem Hochtor das Südoststück des Tauernhauptkamms einen eigenen Gipfelstock, der folgende Vergletscherung aufweist: Pfandlscharten-, Spielmann-, Guttal- und Brennkogelkees. In dieser Region wurde auf der Südostseite des Kloben im Jahre 1859 der höchste Bergbau Österreichs entdeckt, dessen Ertragsfähigkeit gering und Lage recht ungünstig waren, so dass der Betrieb schon im Mittelalter aufgelassen wurde.
Die Edelweißspitze (2572 m) ist der zentrale Gipfel im Fusch-Rauriser-Kamm, der nördlich beim Schwarzkopf endet. Als einer der majestätischsten Ostalpenberge gilt die Firnpyramide mit der mächtigen Nordwestwand, das Große Wiesbachhorn (3564 m), das mit der Nachbarschaft des Hohen Tenn (3368 m) und der Klockerin (3425 m) das Kernstück des Fusch-Kapruner Kammes darstellt, zu dem die Gipfelflur nördlich der Gruberscharte bis hin zum Salzachtal zählt. Ein gutes dutzend Kees bedecken diese nördliche Randzone. Am eindrucksvollsten ist das Wielingerkees, das vom Großen Wiesbachhorn herab bis knapp an den Gleiwitzer Höhenweg herunterreicht. Von der Hohen Riffl (3338 m) weg sendet die Glocknergruppe den gut erschlossenen Kapruner Stubachkamm aus, der mit dem Kitzsteinhorn (3203 m, Schmiedingerkees) die Perle des Pinzgaus ausmacht. Etwas im Schatten davon erhebt sich der Hocheiser (3206 m), ein einsamer, lohnender Berg für den Skihochtouristen. Vom Eiskögele (3426 m) schließlich reicht das Weststück des Tauernhauptkamms bis zum Kalser Tauern, der Grenze zwischen Glockner- und Granatspitzgruppe.

Granatspitzgruppe

Umgeben von den bekannten Gipfeln der Venediger- und Glocknergruppe fristet die schmale Zone der Granatspitzgruppe ein bescheidenes Dasein. Obwohl etwa 12 km lang, gibt es nur wenige Stützpunkte, wie die St. Pöltner Hütte, das Kalser Tauernhaus, die Sudetendeutsche Hütte und das Berghotel Rudolfshütte. Dorthin führt auch die Seilbahn vom Enzingerboden, wodurch auch dem Nichtbergsteiger die Bergwelt erschlossen wurde. Anders als in der Glocknergruppe sind die Gipfel der Granatspitzgruppe aus kristallinem Schiefer aufgebaut, zu dem der Zentralgneis hinzukommt. Die ungeheure Gewalt der Gebirgsbildung wird am Muntanitz (3232 m) bestätigt, wo die übereinander geschobenen Schichtdecken erkennbar sind. Am Nussing- und Gradötzkogel ist der Grünschiefer vertreten und nur vereinzelt tritt der Kalkglimmerschiefer (Bratschen) auf. Besonders für den Kletterer angenehm ist der feste, griffige Zentralgneis, der elegante Reibungs- und Blockkletterei zulässt. In der Nähe der Unteren Ödenwinkelscharte fanden im Sommer 1965 zwei Kletterer überdimensionale Bergkristalle von einem Gesamtgewicht von über 1,5 Tonnen. Dieser größte Kristallfund der Alpen wurde mit einer eigens dafür errichteten Seilbahn geborgen und kann nun im Haus der Natur in Salzburg bewundert werden.

Goldberggruppe

Die Goldberggruppe weist einen mächtigen Zentralgneiskern auf, der von einer mit mehreren Gneislamellen durchsetzten Schieferhülle umgeben ist. Diese Schieferhülle ist reich an verschiedenen Gesteinen, so findet man neben Granatgneis (Sandkopf) und Hornblende-Chloritgneis (Kleinfleißtal) auch noch Phengit-Albitgneis mit bemerkenswerten Quarzaugen, Kalkglimmerschiefer (Gesselkopf und Nebenberge), Schwarzphyllit und Quarzit. Die Goldberggruppe führt ihren Namen auf das Tauerngold, das Jahrhunderte lang hier geschürft und gewonnen wurde, zurück. Die bekannteste Erhebung ist der Hohe Sonnblick, 3106 m, mit dem Observatorium.

Pflanzenwelt

Im Nationalpark ist eine Vielzahl von Pflanzen anzutreffen, die jedoch unter Schutz stehen. Neben vielen anderen sind hier folgende Blumenarten vertreten: Arnika, Braya, Edelraute, Edelweiß, Enzian, Fingerkraut, Gletscherhahnenfuß, Leimkraut, Mannsschild, Moosprimeln, Speik, Steinbrech, Steinröserl, Wermut und etliche Farnarten, Flechten und Moose. Für den Blumenfreund sind die Wiesen in der Amertaler Öd, am Hochboden und bei der Keßleralm in der Granatspitzgruppe eine wahre Fundgrube an seltenen Exemplaren. Das Pflanzenkleid ist den natürlichen alpinen Höhenstufen angepasst. Der Mischwald reicht etwa bis in eine Höhe von 800 Metern, wo er von der Nadelwaldzone abgelöst wird. In höheren Lagen trifft man Lärchen und an günstigen Standorten Birken an, die Zirbe ist eher spärlich vertreten. Obwohl der Waldgürtel durch Rodung, Lawinenstriche und Almgebiete mehrfach unterbrochen ist, ist die Waldgrenze zwischen 2000 und 2100 Metern zu verfolgen. Oberhalb beginnt die alpine Vegetationsstufe, in der hauptsächlich Zwergsträucher dem rauen Klima standhalten können. Im nivalen Bereich treten an ihre Stelle die Polsterpflanzen.

Tierwelt

Im Bereich der Kaiser-Franz-Josef-Höhe (Parkplatz an der Großglockner-Hochalpenstraße) sieht man possierliche zahme Murmeltiere, die um Schokolade und Kekse betteln. An den sonnigen Hüttenwänden kann man auch manchmal den Mauerläufer beobachten, der mit seinem flinken Schnabel Mücken und Fliegen aus den Fugen und Ritzen herauspickt. Es ist im besonderen die Vogelwelt, die im Grenzbereich zwischen der Waldzone und der Zone ewigen Eises ihr Dasein führt. Am Kaiser-Franz-Josef-Haus wurde die bisher höchstgelegene bekannte Brutstätte der Mehlschwalbe festgestellt. Mehrere Amselarten, Alpenbraunelle, Tannenhäher, Birkenzeisig, Buchfink, Hausrotschwanz und die Alpendohlen kann der aufmerksame Wanderer unterwegs beobachten. Seltener ist das jähe Aufschrecken eines Schneehuhns, das mit lautem Rattern vor dem Bergsteiger flieht. An der Waldgrenze lebt das Auer- und Birkhuhn, dessen Laute man besonders zur Balz weithin vernehmen kann. Ein großartiges Erlebnis ist es, dem Steinadler bei seinem flügelschlaglosen Kreisen zuzusehen. Öfters kann man jedoch die Gänsegeier verfolgen, die riesigen Aasfresser, die nach zugrundegegangenen Tieren in der Almregion suchen. Die Gämsen sind eher weniger weit verbreitet, vergleicht man den Bestand mit den Gämsrudeln der Kalkalpen. Vergeblich wird man nach Hirschen Ausschau halten, denn diese fehlen in der Glocknergruppe gänzlich. Aufgrund der beschränkten Lebensbedingungen sind auch die Rehe eher selten aufzustöbern. Hingegen kann man in manchem Winterraum seine Überraschung erleben, wenn am Morgen ein Wurstzipfel fehlt oder ein verpackter Käse angeknabbert ist. Hier war die Schneemaus am Werk. Die Funde in der Gamsgrube sind besonders von tierkundlicher Bedeutung, denn über Jahrtausende hinweg leben hier der Felsenspringer und die Raubmilbe, eine besonders widerstandsfähige Insektenart.

Siedlungsgeschichte

Man kann nicht von einer einheitlichen Besiedelung der Alpen sprechen, denn an der Siedlungsnahme waren mehrere Völker mitbeteiligt: Von Norden drangen die Germanen und Kelten in den Alpenraum ein, von Osten die Slawen und von Süden die Romanen. Am weitesten jedoch stießen die Germanen ins Alpeninnere vor. Die natürliche Barriere des Alpenhauptkammes hinderte vorerst den Warenaustausch zwischen Mittel- und Südeuropa. Der Handelsverkehr begann etwa im ersten vorchristlichen Jahrtausend, der im Bereich des Großglockners am Felbertauern, Kalser Tauern und über die Römerstraße beim Hochtor die Nord-Süd-Verbindung herstellte. So wurden beim Bau der Großglockner-Hochalpenstraße im Sommer 1933 am Hochtortunnel zwei sensationelle Funde gemacht. Neben einer österreichischen Silbermünze aus dem Jahre 1757 wurde eine antike Bronzestatue aus dem 1./2. Jahrhundert vor Christus gefunden. Vom Kunsthistorischen Museum in Wien wurde die abgebildete Statue als etruskischer Herakles erkannt. Die Statue trägt als Umhang ein Löwenfell, wovon die Pranken und der Schwanz gut erkennbar sind.

In dieser Zeit wurden die Ackerbauern und Viehzüchter im Salzachtal sesshaft und die Hauptsiedlungen wurden auf den trockenen Terrassen als Schutz vor Hochwasser und Wildbächen errichtet. Noch in vorchristlicher Zeit begann angeregt durch die Suche nach Bodenschätzen eine rege Besiedlung der Alpenhaupttäler. In der Bronzezeit drang der Mensch nicht als Siedler sondern im Zuge wirtschaftlicher Nutzung ins Gebirge vor. Der Bergbau erfolgte mit der Almwirtschaft Hand in Hand, jedoch war die wirtschaftliche Tätigkeit saisonal bedingt. Während der Römerzeit wurden die Siedlungen speziell entlang den Hauptverbindungsstraßen ausgebaut und im Salzachtal wurde vermehrt die Weidewirtschaft betrieben. Aus dieser Zeit stammt auch die Bezeichnung Senner und

Bauern beim Diskutieren zu Beginn des 20. Jh. (Heimatmuseum Kals am Großglockner)

Kaser. Im 6. Jahrhundert wichen die Slawen dem Druck der Awaren und drangen über den Kärntner Raum in die Tauerntäler ein. Die Namensendungen -isch, -itz und -ich weisen auch heute noch auf die slawische Bevölkerung hin. Der Namensforscher Karl Finsterwalder charakterisiert diese Zeit durch die Umformung der vordeutschen Ortsnamen und der zweiten Lautverschiebung, die besonders auf kleinere Siedlungen, Flurnamen und Einzelhöfe zutrifft. Bis ins hohe Mittelalter blieb der Siedlungsraum auf die Haupttäler und großen Nebentäler begrenzt. Vom 11. bis zum 14. Jahrhundert dauerte die Höhenrodungskolonisation, in deren Verlauf die Seitentäler besiedelt wurden. Dadurch entstand das für den Salzburger, Osttiroler und Kärntner Raum so charakteristische Bergbauernwesen. Aus dem Zeitgeist heraus sind die Motive für die Eroberung des Gebirges zu verstehen. Die Grundherren waren bestrebt, das Acker- und Weideland auf Kosten des Waldes auszudehnen und vom Pächter Zinsen einzuheben. Nebenbei war freilich noch die Naturalienwirtschaft verbreitet. Aus dieser Zeit stammen die Ortsnamensendungen -reith, -schwend oder -schlag. Zur Blütezeit des Goldbergbaus in den Hohen Tauern kamen von dort ca. 10% der Welt-Goldproduktion. Verfallene Stollen und Abraumhalden sind bei der Knappenstube an der Großglockner-Hochalpenstraße noch zu sehen. Vom Hochmittelalter bis in das 17. Jahrhundert war das Hochtor nach dem Brenner und Katschberg der drittwichtigste Handelsweg zwischen Deutschland und der Handels-Großmacht Venedig. Saumpferde trugen Südfrüchte und Weine aus Italien sowie Seide und Gewürze nach Norden. Im Gegenverkehr gingen Salz, Edelmetall, Holzwaren und Pelze in den Süden. Durch die Entdeckung Amerikas im ausgehenden 15. Jahrhundert ließ der Italienhandel nach und der Passverkehr ging merklich zurück. Dadurch ging auch ein Teil des Nebenerwerbs der Bergbauern verloren. Gleichzeitig wurden auch die meisten Metallvorkommen wegen Unrentabilität nicht weiter ausgebeutet, wodurch eine Periode der Abwanderung aus dem Alpeninneren begann. Als weitere Ursache dieses auch als „Bergflucht" bezeichneten Phänomens wird die Verkehrserschließung genannt, die billige, am Fließband erzeugte Güter ins Alpeninnere brachte, ferner die Industrialisierung und die soziale Umstellung. All dies wirkte um das Jahr 1850 zusammen, so dass viele Höfe verkauft wurden und die Bewohner in die Städte zogen. Durch die Entwicklung des Tourismus wurden neue Nebenerwerbsmöglichkeiten geschaffen.

Die touristische Erschließung: Im 18. Jahrhundert wird vom österreichischen Wissenschaftler Hacquet die Glocknergruppe entdeckt und von ihm eine Schätzung von 3900 Metern für den Gipfel des Glockners angegeben. Der Name Glockner (Glogger) dürfte der Bergmannssprache entlehnt sein, da früher eifriger Bergbau im Glocknergebiet betrieben wurde. Am 25. August 1799 wird endlich der Gipfel des Großglockners von sechs Bergsteigern, darunter dem Generalvikar Sigismund von Hohenwart bestiegen, nachdem man schon Wochen vorher am Glocknerkamm eine Schutzhütte errichtet hatte. Ein Jahr später, am 28. Juli 1800, so berichtet die Chronik, stehen nicht weniger als 62 Personen am Gipfel, die auf 16 Pferden bis zur Salmhütte gelangten und auf der Hohenwartscharte eine zweite Unterkunft aufbauten. Damit war die erste Phase der touristischen Erschließung der Glocknergruppe gegeben.
Interessanterweise stand die Glocknergruppe schon lange vorher bei den Kartographen im Vordergrund. 1561 zeichnete der Hofkartograph Wolfgang Lazius in seinem Atlas als einzigen Gipfelnamen den „Glocknerer“ ein. Auf der 1774 erschienenen Karte von Peter Anich und Blasius Hueber ziert den Glocknergipfel ein Stern, wohl aufgrund seiner enormen Höhe. Der 1862 gegründete Österreichische Alpenverein setzte neue Maßstäbe in der wissenschaftlichen Erforschung des Gebirges, besonders der Gletschergebiete.

Gleichsam als dritte Phase touristischer Erschließung muss die Zeit der führerlosen Gipfelersteigungen ab 1900 bezeichnet werden. Trotzdem ist die Glocknergruppe eine bergsteigerische Herausforderung geblieben, der nur die großen, zähen Bergsteigerpersönlichkeiten gewachsen waren. Hier profilierten sich Männer wie Johann Stüdl, Markgraf Pallavicini, Albert Kaindl, die Brüder Klotz, Christian Ranggetiner, Pitschmann, Welzenbach, Peterka und Gerin, um nur wenige zu nennen. Im 20. Jahrhundert kamen zu den Normalanstiegswegen noch zahlreiche neue Führen hinzu, die immer gewagter und schwieriger wurden. Noch heute sind besonders in der Granatspitzgruppe Erstbegehungen zu machen. Auch schier unmöglich scheinende Bezwingungen gab es in der Glocknergruppe, wie etwa die Schibefahrung der Nord-Wand des Fuscher-Kar-Kopfes (1934), der Hohen-Tenn-Nordwand (1935), des Großen Wiesbachhorns (1952) und gar der Pallavicinirinne am Großglockner (1961), die sogar gefilmt wurde.

Alpines Notsignal: Sechsmal *innerhalb einer Minute in regelmäßigen Zeitabständen ein sichtbares oder hörbares Zeichen geben und hierauf eine Pause von einer Minute eintreten lassen. Das gleiche wird wiederholt, bis Antwort erfolgt.*

Antwort: *Innerhalb einer Minute wird* ***dreimal*** *in regelmäßigen Zeitabständen ein sichtbares oder hörbares Zeichen gegeben.*

Das ist die Salzburger Nachbarschaft des Großglockners und der Glocknerwand: Im Gipfelpanorama vom Spielmann recken sich der Fuscher Karkopf und die Bärenköpfe über dem Bockkarkees in die Höhe.

HÖHENWEGE VON HÜTTE ZU HÜTTE

Bitte erfragen Sie vor Beginn der Wanderung im Talort die Bewirtschaftungszeit der Hütten und erkundigen Sie sich, ob eine Übernachtungsmöglichkeit besteht!

Tourenvorschlag 1

1. Tag: Fusch an der Großglocknerstraße (813 m) – Gleiwitzer Hütte (2174 m), 3½ Std. Von Fusch zunächst auf einem Karrenweg zum Hirzbachtal, das man südseitig und in mehreren Kehren zum Feistalpl emporsteigt. Am Arnoweg überquert man wenig später den Hirzbach (Brücke) und gelangt entlang des Baches auf die Hirzbachalm. Die restlichen 400 Höhenmeter zur Gleiwitzer Hütte überwindet man in zahlreichen Serpentinen. Von der Hütte empfiehlt sich ein Abstecher auf das aussichtsreiche Imbachhorn (2470 m), das unschwer über die Brandlscharte erreicht werden kann.

2. Tag: Gleiwitzer Hütte – Oberwalderhütte (2972 m), 10½ Std. (am Stausee Mooserboden besteht derzeit keine Übernachtungsmöglichkeit!). Von der Gleiwitzer Hütte auf dem Gleiwitzer Höhenweg (Max-Hirschl-Weg, Arnoweg) südwärts bis in das obere Hirzbachtal, wo der versicherte Weg über eine Felsplatte zum Spitzbrettköpfl und weiter über die Obere Jägerscharte zum Kempsenkogel führt. Von hier besteht die Möglichkeit einer lohnenden Besteigung des Hohen Tenn (3368 m), 2 Std. Vom Kempsenkogel geht man in vielen Kehren über Gras- und Schieferabhänge bis in das Bauernkarl hinab. Ab dort verläuft der Höhenweg angenehm zum Stausee Mooserboden. Kurz vor dessen Ende zweigt man links ab und erreicht über den Moränenrücken „Bärenleiten" den Oberen Karlinger Boden (Gletschertour!). Hier betritt man den spaltenreichen Gletscher, über den man in mehreren Stufen zum weiten Firnsattel des Riffltors (3100 m) gelangt. Jenseits führt der Georg-Hessler-Weg (Tauernhöhenweg) ziemlich sanft zu der am Hohen Burgstall liegenden Oberwalderhütte hinab.

3. Tag: Oberwalderhütte – Glocknerhaus (2132 m), 3½ Std. Von der Oberwalderhütte geht es zunächst auf einem Steig in das Firnbecken des südlichen Bockkarkees hinab, wo der Weg über das Eis zum Wasserfallwinkel führt. Über Moränenmaterial geht es am Gamsgrubenweg (genaue Markierung beachten) zum Parkplatz Freiwandeck und zur Kaiser-Franz-Josef-Höhe. Entlang der Straße oder auf Weg Nr. 1 erreicht man über das Pasterzenhaus das nahe Glocknerhaus (Autobushaltestelle).

4. Tag: Glocknerhaus – Heiligenblut (1288 m), 2½ Std. Vom Glocknerhaus zunächst den Weg über den Abhang hinab; dieser mündet unterhalb dem nahen Karl-Volkert-Haus in den Tauernhöhenweg (Nr. 1). Teilweise durch Wald geht es nun oberhalb der Möllschlucht an der Bricciuskapelle vorbei und über den Guttalbach, zur alten Glocknerstraße und hinab nach Heiligenblut.

Tourenvorschlag 2

1. Tag: Kaprun (Glocknerblick, 1675 m) – Krefelder Hütte (2293 m), 3½ Std. Von Kaprun fährt man zunächst mit der Seilbahn bis unterhalb vom Maiskogel. Bei der Bergstation nimmt man den südwärts führenden Weg über das Tröglerköpfl und die Dreiwallnerhöhe. Weiter geht es über Almmatten zur Stangenhöhe (2211 m) und durch das Grubalmkar zur Krefelder Hütte. Von hier kann das Kitzsteinhorn (3203 m) entweder über die Kammerscharte oder über das Magnetköpfl relativ leicht bestiegen werden (3 Std.).

2. Tag: Krefelder Hütte – Rudolfshütte (2311 m), 8 – 9 Std. Von der Hütte den westwärts führenden „Krefelder Weg" auf die Schmiedingerscharte, dann steil hinab zum Hacklsee. Über das Kleetörl gelangt man in das Reichenbergkar, von wo der Steig ohne große Höhenunterschiede um den Richtzeitsedl (2498 m) und den Scharkogel (2708

m) herum zu einem Fahrweg führt, dem man südwärts zum Stausee Tauernmoossee folgt. Nun entweder direkt zum Enzingerboden oder entlang des Sees und über die „Stiege“ zur Rudolfshütte am Weißsee.

3. Tag: Rudolfshütte – Kalser Tauernhaus (1754 m), 3 Std. Von der Rudolfshütte entlang dem Ostufer des Weißsees bis zur Weggabelung in einer Mulde oberhalb des Stierbichl. Dort links hinauf zum Kalser Tauern (2515 m). Empfehlenswert ist ein Abstecher zum nahen Medelzkopf (2761 m, ¾ Std.). Jenseits des Tauern in vielen Kehren hinab zum Tauernbrünnl, wo man dem talauswärts führenden Weg, vorbei am Dorfer See, angenehm hinab zum Kalser Tauernhaus folgt.

4. Tag: Kalser Tauernhaus – Kals am Großglockner (1325 m), 2 Std. Am Güterweg durch das Dorfer Tal, an mehreren Almen vorbei bis zum Hotel Taurerwirt (Bushaltestelle) und dem Kalser Bach entlang kommen wir nach Kals.

Alternative:

3. Tag: Rudolfshütte (2311 m) – Sudetendeutsche Hütte (2656 m), 6 Std.; am landschaftlich großartigen Silesia-Höhenweg. Von der Rudolfshütte südwärts auf den Kalser Tauern (2515 m) und am Silesia-Höhenweg (Weg Nummer 517) bis zur Gabelung vor dem Spinewitrolkopf (geradeaus weiter führt der Weg zum Kalser Tauernhaus), westlich führt der Weg 517 unterhalb des Schwarzsees (Abstecher zum See lohnenswert!) wieder südlich über den Loamesbach und Muntanitzschneid zum Gradötzsattel und auf den vereinigten Wegen 514 und 517 hinab zur Sudetendeutschen Hütte.

4. Tag: Sudetendeutsche Hütte – Kals-Matreier-Törl-Haus (2207 m), 4 Std., Sudetendeutscher Höhenweg, 502B. Von der Sudetendeutschen Hütte hinauf zur drahtseilgesicherten Dürrenfeldscharte (2823 m) unter den Kendlspitzen und dem Tschadinhörndl bis zum Hohen Tor (2477 m). Genüsslich absteigend zum Kals-Matreier-Törl-Haus.

Am gleichen oder nächsten Tag steigen wir nach Matrei oder Kals am Großglockner ab.

Wohlverdiente Rast für Groß und Klein

WEITWANDERWEGE

Die OeAV-Sektion Weitwanderer gilt als Auskunftsstelle für alle Europäischen Fernwanderwege sowie für die österreichischen Weitwanderwege: Österreichischer Alpenverein, Thaliastraße 159/3/16, 1160 Wien/Österreich,
Telefon: 01/4938408, Mobil: 0664/ 2737242 • weitwanderer@sektion.alpenverein.at
www.alpenverein.at/weitwanderer • www.fernwege.de
Durch die alpinen Vereine wurden markierte Wege angelegt, die über große Strecken führen und sowohl mit einer Nummer als auch mit einem Namen bezeichnet sind. Damit sollen Ziele präsentiert werden, die zuvor nur selten besucht wurden, und gleichzeitig auch die Vielfalt der touristischen Möglichkeiten aufgezeigt werden.
Für die Begehung dieser Wege wurde eine eigene Wanderliteratur sog. „Wanderführer" aufgelegt, die dem Begeher den Streckenverlauf, Nächtigungsmöglichkeiten, Entfernungs- und Höhenangaben, Wegzeiten mit Schwierigkeitsgraden sowie Öffnungszeiten von Gasthöfen und Schutzhütten näher bringen. Außerdem wurden Kontrollstellen geschaffen, wo durch einen Stempelabdruck der Besuch dokumentiert wird und danach Wanderabzeichen in verschiedenen Kategorien vergeben werden, wobei die Zeit, in der die betreffenden Wege zurückgelegt werden, keine Rolle spielt.
In Österreich bestehen neben einer Vielzahl von regionalen Wanderwegen zehn Weitwanderwege, die mit den Ziffern 01 bis 10 bezeichnet sind. Eine evtl. vorgesetzte Zahl gibt die Gebirgsgruppen (Hunderterstelle) an. In den Zentralalpen ist diese Grundnummer ungerade (z. B. 901) in den Nördlichen und Südlichen Kalkalpen hingegen gerade (z. B. 401), ein nachfolgender Buchstabe (z. B. 401A) macht darauf aufmerksam, dass es sich um eine Wegvariante handelt. Mehrere nationale Weitwanderwege sind in das internationale Europäische Fernwanderwegenetz mit einbezogen.
Auf dem vorliegenden Kartenblatt scheinen der Zentralalpenweg 02 (auch als Variante 02A und 02B) und der Rupertiweg 10 auf.

Wegverlauf der Weitwanderwege

Der Europäische Fernwanderweg E 10

Der Weg beginnt derzeit am Kap Arkona auf der Insel Rügen. Von hier geht es südwärts durch die Seengebiete Mecklenburgs und Nordbrandenburgs, Berlin wird im Westen und Süden über Potsdam umgangen. In der Niederlausitz wird der Spreewald durchquert, in der Oberlausitz das Mittelgebirge erreicht. Über Böhmen gelangt man zur Moldau und folgt ihr über Prag und Budweis zum Böhmerwald. In Österreich ist der E 10 mit dem Rupertiweg 10 (Beschreibung siehe dort!) identisch. In Südtirol verläuft er durch das Pustertal und über die Sarntaler Alpen nach Bozen, wo der Weg vorerst endet.
Auf dem vorliegenden Kartenblatt ist sein Verlauf mit jenem des Rupertiweges identisch. Beschreibung siehe dort!

Zentralalpenweg 02/Hauptweg

Der Zentralalpenweg 02 beginnt in Hainburg an der Donau, reicht bis Feldkirch in Vorarlberg und führt durch alle Bundesländer mit Ausnahme von Oberösterreich und Wien. Er ist der alpinste aller Weitwanderwege und weist eine Länge von ca. 1000 km auf. Da diese Tour großteils durch Hochgebirge – stellenweise Gletscherüberquerung! – führt, sind Bergerfahrung, gute Kondition und die entsprechende Ausrüstung unbedingt erforderlich! In den Talorten stehen auch geprüfte Bergführer zur Verfügung, die Sie sicher bei Ihrer Tour begleiten. Fragen Sie beim Tourismusverband nach. Bitte erkundigen Sie sich vor dem Beginn Ihrer Bergtour nach dem aktuellen Wegzustand und ob in den angegebenen Hütten Übernachtungsmöglichkeiten bestehen.

Wegverlauf: Von der Neuen Prager Hütte in der Venediger Gruppe kommend, führt dieser Weg, auch als Venediger Höhenweg/St. Pöltner Westweg bezeichnet, zur St. Pöltner Hütte (2481 m); von dort weiterhin am Venediger Höhenweg/St. Pöltner Ostweg, zur Grünseehütte/Selbstversorgerhütte (unter uns befindet sich der Felber-Tauern-Tunnel) und über die Donabaumscharte zur Karl-Fürst-Hütte (2629 m; offene Unterstandshütte). Südlich des Stubacher Sonnblicks erreichen wir über die Granatspitze (3086 m) den Tauernkogel und kurz darauf stehen wir beim Berghotel Rudolfshütte (2311 m). Über den Gamskopf steigen wir zur Oberen Ödenwinkelscharte (3228 m) auf und über den Pasterzenboden (Gletscher!) erreichen wir am Tauernhöhenweg/Georg-Hessler-Weg die Oberwalderhütte (2972 m). Zur rechten Seite sehen wir den beeindruckenden Großglockner (3798 m) mit der Pasterze. Über den Wasserfallwinkel wandern wir am Gamsgrubenweg (Markierung bitte genau beachten!) zum Kaiser-Franz-Josef-Haus und Glocknerhaus, zwei wichtige Stützpunkte im Verlauf der Großglockner-Hochalpenstraße. Wir steigen dann am Klagenfurter Jubiläumsweg/Kärntner Grenzweg zum Spielmann (3027 m) auf und erreichen über die Bretterscharte das Hochtor (2576 m). Über die Weißenbachscharte (2645 m) vorbei am Weißenbachkees, gelangen wir zur Arlthöhe (3084 m); dann Aufstieg zum Hocharn (3254 m). Vorbei am Goldzechkopf gelangen wir zum Hohen Sonnblick (3106 m) mit dem Zittelhaus und dem höchstgelegenen Observatorium Österreichs. Über die Rojacherhütte (2719 m) geht es auf den Goldbergtauernkogel (2776 m). Weiter über die Duisburger Hütte (2573 m) zur Hagener Hütte (2446 m), siehe Anschlussblatt, KOMPASS-Wanderkarte 40 „Gasteiner Tal – Goldberggruppe“.

Zentralalpenweg Varianten: 02A und 02B

Um schwierige und sehr schwierige Wegteile des Hauptweges zu umgehen, wurden Varianten geschaffen. Der Zentralalpenweg verläuft in diesem Kartenblatt neben dem Hauptweg in 2 Varianten. Auch diese Touren führen großteils durch Hochgebirge – stellenweise Gletscherüberquerung! – es sind daher auch hier Bergerfahrung, gute Kondition und die entsprechende Ausrüstung notwendigst! (Siehe Bemerkungen unter Hauptweg).

Zentralalpenweg 02 (Variante)/Variante 02A: Diese Variante berührt das Kartenblatt am oberen Kartenrand (im Falzfeld GH 1) nördlich von Taxenbach (vom Statzerhaus kommend), von wo sie gemeinsam mit dem Rupertiweg 10 durch die Kitzlochklamm Rauris zustrebt, um hier das Kartenblatt Richtung Osten wieder zu verlassen.

Zentralalpenweg 02 (Variante)/Variante 02B: Kurz nach der Neuen Prager Hütte in der Venediger Gruppe zweigt dieser Weg vom Hauptweg ab und erreicht dieses Kartenblatt beim Venedigerhaus (1689 m, im Falzfeld A 3) in Innergschlöss. Dem Gschlössbach entlang erreichen wir das Matreier Tauernhaus (1512 m). Am Tauerntalweg kommen wir zur unbewirtschafteten Kalser Alm (1445 m) und anschließend geht es am Dr.-Karl-Irsch-Weg aufwärts zur Sudetendeutschen Hütte (2656 m). Am Sudetendeutschen Höhenweg zum Kals-Matreier-Törl-Haus (2207 m) und hinunter nach Kals am Großglockner (1325 m). Dem Ködnitzbach entlang und dann im gleichnamigen Tal aufwärts zur Lucknerhütte (2241 m) und steil weiter zur Stüdlhütte (2802 m). Am Johann-Stüdl-Weg ostwärts zur Salmhütte (2638 m) und hinunter ins Tal; wir wandern weiter in östlicher Richtung und kommen nach Heiligenblut (1288 m). Das Kleinfleißtal einwärts erreichen wir den Gasthof Alter Pocher (1809 m) und am Hans-Trischl-Weg steigen wir über das Hörndl (2710 m) zur Goldzechscharte auf und stoßen dort auf den Zentralalpenweg 02, Fortsetzung siehe dort.

Rupertiweg 10

Der Rupertiweg 10, Teil des Europäischen Fernwanderweges E 10, mit seinen 670 km Länge verläuft in südlicher Richtung durch die Bundesländer Oberösterreich, Salzburg und Kärnten. Er nimmt seinen Ausgang auf dem Bärenstein im Böhmerwald bei Aigen/Schlägl und endet im Nassfeldgebiet in Kärnten. Er erscheint im Falzfeld GH 1 nördlich von Taxenbach, verläuft gemeinsam mit der Variante 02A des Zentralalpenweges durch die Kitzlochklamm nach Rauris und verlässt hier dieses Blatt am rechten Kartenrand. Im Falzfeld I 3 betritt der Rupertiweg nocheinmal dieses Kartenblatt und verläuft über die Miesbichlscharte nach Naßfeld/Sportgastein. In südlicher Richtung geht es über die Naßfeldalm weiter; kurz darauf wird dieses Kartenblatt endgültig verlassen.

Regionale Wanderwege

Kärntner Grenzweg: Wie sein Name andeutet, umrundet er das Bundesland Kärnten nahe seiner Grenze und weist mancherorts erhebliche Schwierigkeiten auf. Er betritt am östlichen Kartenrand (Falzfeld I 4) – von der Hagener Hütte kommend – gemeinsam mit dem Zentralalpenweg 02 das Kartenblatt und verläuft mit dessen hochalpiner Hauptroute zum Kaiser-Franz-Josef-Haus, von wo aus der Großglockner erstiegen werden kann. Vom Hohen Sonnblick aus ist auch die Benützung der Variante 02B des Zentralalpenweges möglich. Vom Gloßglockner bzw. der Salmhütte verläuft der Grenzweg nach Süden über den Wiener Höhenweg zur Glorer Hütte und über das Gernot-Röhr-Biwak zur Elberfelder Hütte.

Tauernhöhenweg: Er durchquert sämtliche Hauptkammgruppen der Niederen und Hohen Tauern. Am vorliegenden Kartenblatt ist sein Verlauf zuerst mit dem 02 identisch, zweigt dann jedoch von diesem beim Glocknerhaus ab und führt südwärts, vorbei an der Bricciuskapelle nach Heiligenblut und ist ab hier mit dem Verlauf der Variante 02B identisch. Daher siehe dort!

Arnoweg: Er umrundet das Bundesland Salzburg und führt durch dessen landschaftliche Vielfalt. Von der Neuen Fürther Hütte kommend wird der Weg am linken Rand (A 3) sichtbar und führt auf dem Venediger Höhenweg/St. Pöltner-Westweg zur St. Pöltner Hütte. Auf dem alpinistisch sehr anspruchsvollen Stück (Bergführer empfehlenswert!) geht es vorbei am Grauen-, Schwarzen- und Grünen See und auf dem Venediger Höhenweg/St. Pöltner-Ostweg vorerst hinauf zum Schandlasee und sodann hinauf zur Karl-Fürst-Hütte. Nun unter dem Rabenstein und über das Prägratkees (Blankeis!) auf den Stubacher Sonnblick und auf dem spaltigen Sonnblickkees über eine steile Felsstufe neben dem Rotkogel hinab zum Weißsee sowie zuletzt hinauf zum Berghotel Rudolfshütte. (Umgehungsmöglichkeit durch Abstieg von der St. Pöltner Hütte in das Felbertal, hinaus nach Mittersill und Uttendorf und durch das Stubachtal aufwärts zur Rudolfshütte.) Eine so genannte „Vitalis Variante" führt von Niedernsill durch das Mühlbachtal ebenfalls hinauf zur Rudolfshütte. Der Weiterweg verläuft hinunter zum Stausee Tauernmoos und zwischen den Eisbrüchen des Kleinen Eisers und der Hohen Riffl hinauf zum Kapruner Törl. Die Klockerin, das Große Wiesbachhorn und den Hohen Tenn vor Augen geht es hinunter zum Stausee Mooserboden und zur Ebmattenhütte-Fürthermoaralm. Die nächsten Stationen sind die Krefelder Hütte und auf dem „Alexander-Enzinger-Weg" die Stangen- und Schoppachhöhe, der Gasthof Glocknerblick und schließlich Kaprun. Von hier aus findet der Weg seine Fortsetzung über den Neumayer Almboden und die Piffscharte zur Gleiwitzer Hütte, der Weiterweg ist über die Hirzbachalm nach Fusch an der Großglocknerstraße und durch die Bärenschlucht nach Ferleiten sowie das Ferleitental zum Alpengasthof Trauneralm gegeben. Auf Vorsicht gebietendem Weg steil und mühsam geht es weiter zur Unteren Pfandlscharte und über das schotterige Pfandlschartenkees zum Glocknerhaus und über die Kaiser-Franz-Josef-Höhe, den Sander- und Margaritzenstausee wird Heiligenblut erreicht. Nun geht es durch das Kleinfleißtal zum Gasthaus Alter Pocher, ehe – vorbei am Zirmsee – das Zittelhaus auf dem Hohen Sonnblick erreicht wird. Der Abstieg führt zur Rojacherhütte und in etlichen Kehren hinab zum Naturfreundehaus Neubau und auf dem Naturfreundeweg zum Niedersachsenhaus auf der Riffelscharte und weiter nach Naßfeld/Sportgastein. Erwähnenswert ist auch eine Variante, die vom Gasthof Bodenhaus im Hüttwinkltal über Kolm Saigurn zum Niedersachsenhaus führt. Der Arnoweg misst in seiner längsten Variante (deren es zahlreiche gibt) 1200 km, 830 km sind auf der Grundstrecke zu bewältigen.

Alpines Notsignal: Sechsmal *innerhalb einer Minute in regelmäßigen Zeitabständen ein sichtbares oder hörbares Zeichen geben und hierauf eine Pause von einer Minute eintreten lassen. Das gleiche wird wiederholt, bis Antwort erfolgt.*

Antwort: *Innerhalb einer Minute wird* ***dreimal*** *in regelmäßigen Zeitabständen ein sichtbares oder hörbares Zeichen gegeben.*

ALPENGASTHÖFE UND UNTERKUNFTSHÜTTEN

Alle Angaben ohne Gewähr! Bitte erfragen Sie vor Beginn der Wanderung im Talort die Bewirtschaftungszeit und erkundigen Sie sich, ob eine Übernachtungsmöglichkeit besteht!
Die Telefonnummern der wichtigsten Schutzhütten finden Sie auf Seite 76.

Es wird darauf hingewiesen, dass der Großteil der hier angegebenen Gipfelbesteigungen nur für geübte Bergsteiger zu empfehlen ist!

Glocknergruppe

Ebmattenhütte-Fürthermoaralm, 1805 m (D 2), privat, Übernachtungsmöglichkeit! Postleitzahl: 5710 Kaprun, im Sommer bewirtschaftet. Zugang: vom Kesselfall-Alpenhaus, 1¼ Std. Übergang: zum Wirtshaus Heidnische Kirche, ¾ Std.

Edelweißspitz, 2572 m (F 3), privat, Postleitzahl: 5672 Fusch an der Großglocknerstraße, im Sommer bewirtschaftet. Zugang: Straße ab dem Fuscher Törl, Fußweg ½ Std. Gipfel: Kendlkopf, 2587 m, ½ Std.

Erzherzog-Johann-Hütte (auf der Adlersruhe), 3451 m (D 3-4), Österr. Alpenclub, Postleitzahl: 9981 Kals am Großglockner, im Sommer bewirtschaftet. Zugänge: vom Kaiser-Franz-Josef-Haus, 4 Std.; vom Lucknerhaus, 5½ Std.; von Heiligenblut, 8 Std. Übergänge: zur Stüdlhütte, 1½ Std.; zur Hofmannshütte (derzeit wegen Neubau gesperrt!), 3 Std.; zur Salmhütte, 2 Std. Gipfel: Großglockner, 3798 m, 1½ Std.

Fuscher Lacke, Wirtshaus, 2262 m (F 3), privat, Postleitzahl: 9844 Heiligenblut, im Sommer bewirtschaftet. Die Ausstellung „Bau der Straße" präsentiert eindrucksvoll die interessante Geschichte des Baus der Großglockner-Hochalpenstraße. Im Freigelände ergänzt ein Rundweg um die malerische Fuscher Lacke diesen Erlebnisbereich. Zugang: an der Großglockner-Hochalpenstraße. Übergang: zum Fuscher-Törl-Haus, ½ Std.

Fuscher-Törl-Haus (Dr.-F.-Rehrl-Berghaus), 2445 m (F 3), privat, Postleitzahl: 9844 Heiligenblut, im Sommer bewirtschaftet. Zugang: an der Großglockner-Hochalpenstraße. Übergänge: zum Haus Edelweißspitz, ½ Std.; zum Wirtshaus Fuscher Lacke, ¼ Std. Gipfel: Kloben, 2938 m, 1¾ Std.; Brennkogel, 3018 m, 2½ Std.; Spielmann, 3027 m, 2½ Std.

Gleiwitzer Hütte, 2174 m (E 2), Alpenverein, Postleitzahl: 5672 Fusch an der Großglocknerstraße, im Sommer bewirtschaftet. Zugänge: von Fusch an der Großglocknerstraße, 3½ Std.; von Kaprun, 5 Std.; vom Kesselfall-Alpenhaus, 4½ Std. Übergänge: zum Stausee Mooserboden, 6 Std. (nur für Geübte); zum Heinrich-Schwaiger-Haus, 8 Std. Gipfel: Imbachhorn, 2470 m, 1½ Std.; Messerfeldköpfl, 2442 m, ½ Std.; Bauernbrachkogel, 3125 m, 4 Std.; Hoher Tenn, 3368 m, 5 Std. (alle nur für Geübte!).

Glockner-Biwak: siehe Leo-Spannraft-Glockner-Biwak

Glocknerhaus, 2132 m (E 3-4), Alpenverein, Postleitzahl: 9844 Heiligenblut, im Sommer bewirtschaftet. Zugänge: an der Straße zum Kaiser-Franz-Josef-Haus; von Heiligenblut, 3 Std. Übergänge: zum Kaiser-Franz-Josef-Haus, 1¼ Std.; zur Hofmannshütte (derzeit wegen Neubau gesperrt!), 2 Std.; über die Pfandlscharte zur Trauneralm, 3¼ Std.; zur Salmhütte, 3 Std.; zur Glorer Hütte, 5 Std. Gipfel: Albitzenspitz, 2971 m, 2½ Std.; Racherin, 3092 m, 2¾ Std.; Wasserradkopf, 3032 m, 3¼ Std.

Glorer Hütte, 2651 m (D 4), Alpenverein, Postleitzahl: 9981 Kals am Großglockner, im Sommer bewirtschaftet. Der GEO-Lehrpfad informiert über die Landschaft rund um die Hütte. Zugänge: von Heiligenblut durch das Leitertal, 5 Std.; von Kals, 4 Std. Übergänge: zum Lucknerhaus, 1½ Std.; zur Erzherzog-Johann-Hütte, 4½ Std.; zur Lucknerhütte, 2½ Std.; zur Stüdlhütte, 3 Std.; zur Salmhütte, 1¼ Std. Gipfel: Großglockner, 3798 m, 6 Std.; Hohenwartkogel, 3308 m, 6 Std.; Kellerskogel, 3239 m, 6 Std.; Kastenegg, 2821 m, 1 Std.; Medelspitze, 2676 m, ½ Std.; Glatzschneid, 2910 m, ¾ Std.

Gruberschartenbiwak, 3104 m (DE 3), Alpenverein (9 Lager). Zugänge: von der Oberwalderhütte, 2½ Std.; vom Heinrich-Schwaiger-Haus, 3½ Std. Gipfel: Großer Bärenkopf, 3396 m, 1 Std.; Klockerin, 3425 m, 1 Std.

Heidnische Kirche, 2051 m (D 2), privat, Postleitzahl: 5710 Kaprun. Gasthaus am Stausee Mooserboden, keine Übernachtungsmöglichkeit. Erlebniswelt „Strom und Eis". Zugang: vom Kesselfall-Alpenhaus, 2½ Std. Übergang: zum Heinrich-Schwaiger-Haus, 2½ Std.

Heinrich-Schwaiger-Haus, 2802 m (E 2), Alpenverein, Postleitzahl: 5710 Kaprun, im Sommer bewirtschaftet. Zugang: vom Stausee Mooserboden, 2¼ Std. Übergänge: zur Gleiwitzer Hütte über den Kempsenkogel, 8 Std.; zur Oberwalderhütte über das Gruberschartenbiwak (Gletscherhochtour), 6 Std.; zur Schwarzenberghütte, 5 Std. Gipfel: Großes Wiesbachhorn, 3564 m, 3 Std.; Hintere Bratschenkopfscharte, 3413 m, 3½ Std.; Klockerin, 3425 m, 3½ Std.

Hofmannshütte, 2444 m (DE 3), Alpenverein, Postleitzahl: 9844 Heiligenblut, derzeit wegen Neubau gesperrt! Zugänge: von der Kaiser-Franz-Josef-Höhe, ¾ Std.; vom Glocknerhaus, 2¼ Std.; von Heiligenblut, 5½ Std. Übergänge: zur Oberwalderhütte, 2½ Std.; zur Erzherzog-Johann-Hütte, 5 Std. Gipfel: Fuscher-Kar-Kopf, 3331 m, 3 Std.; Großglockner, 3798 m, 6 Std.; Johannisberg, 3453 m, 4 Std.

Kaiser-Franz-Josef-Haus, 2418 m (E 3), privat, Postleitzahl: 9844 Heiligenblut, im Sommer bewirtschaftet. Zugänge: auf der Großglockner-Hochalpenstraße zur Kaiser-Franz-Josef-Höhe; von Heiligenblut, 4½ Std.; vom Glocknerhaus, 1½ Std. Übergänge: zur Hofmannshütte (derzeit wegen Neubau gesperrt!), 3¾ Std.; zur Oberwalderhütte, 2½ Std. Gipfel: Fuscher-Kar-Kopf, 3331 m, 4 Std.; Großer Bärenkopf, 3396 m, 4½ Std.

Kalser Tauernhaus, 1754 m (C 4), Alpenverein, Postleitzahl: 9981 Kals am Großglockner, im Sommer bewirtschaftet. Zugänge: von Kals/Hotel Taurerwirt durch die Daberklamm, 2 Std.; von Kals, 2½ Std. Übergänge: zur Rudolfshütte, 4½ Std.; zur Sudetendeutschen Hütte, 4½ Std. Gipfel: Spinewitrol, 2483 m, 2½ Std.; Aderspitz, 2990 m, 4 Std.; Romariswandköpfe, 3511 m, 5½ Std.; Hoher Kasten, 3189 m, 5 Std.

Karl-Volkert-Haus, 2150 m (E 4), privat, Postleitzahl: 9844 Heiligenblut, im Sommer bewirtschaftet, weitere Angaben siehe Glocknerhaus.

Kesselfall-Alpenhaus, 1034 m (DE 2), privat, Postleitzahl: 5710 Kaprun, im Sommer bewirtschaftet. Zugänge: an der Kapruner Talstraße; von Kaprun, 2 Std. Übergänge: zur Salzburger Hütte, 2½ Std.; zur Gleiwitzer Hütte, 4½ Std.; zur Krefelder Hütte, 4 Std.; zum Heinrich-Schwaiger-Haus, 5 Std. Gipfel: Kitzsteinhorn, 3203 m, 5 Std.

Krefelder Hütte, 2293 m (D 2), Alpenverein, Postleitzahl: 5710 Kaprun, im Winter und Sommer bewirtschaftet. Zugänge: von der Gletscherbahn Kitzsteinhorn, Mittelstation, ¼ Std.; vom Kesselfall-Alpenhaus, 4 Std.; von der Salzburger Hütte, 1½ Std. Übergänge: zum Stausee Mooserboden, 3½ Std.; zum Heinrich-Schwaiger-Haus, 6 Std.; zur Rudolfshütte auf dem Krefelder Weg, 8-9 Std. Gipfel: Großer Schmiedinger, 2957 m, 2 Std.; Maurerkogel, 2995 m, 2 Std.; Kitzsteinhorn, 3203 m, 3 Std.

Leo-Spannraft-Glockner-Biwak, 3205 m (D 3), Alpenverein (6 Lager). Zugang: von der Kaiser-Franz-Josef-Höhe, 3½ Std. Übergänge: zur Oberwalderhütte, 2 Std.; zur Hofmannshütte (derzeit wegen Neubau gesperrt), 2 Std. (sehr schwierig!). Gipfel: Glocknerwand, 3721 m, 2½ Std.

Lucknerhaus, 1946 m (D 4), privat, Postleitzahl: 9981 Kals am Großglockner, im Winter und Sommer bewirtschaftet. Zugänge: von Kals, 1½ Std.; wenige Minuten vom Parkplatz der mautpflichtigen Kalser Glocknerstraße. Übergänge: zur Lucknerhütte, 1 Std.; zur Glorer Hütte, 2 Std.; zur Stüdlhütte, 2½ Std.; zur Erzherzog-Johann-Hütte, 6 Std. Gipfel: Figerhorn, 2743 m, 2½ Std.; Böses Weibl, 3119 m, 4 Std.

Lucknerhütte, 2241 m (D 4), privat, Postleitzahl: 9981 Kals am Großglockner, im Sommer bewirtschaftet. Zugänge: von Kals, 2½ Std.; vom Lucknerhaus, 1 Std. Übergang: zur Erzherzog-Johann-Hütte, 4½ Std. Gipfel: Blauer Knopf, 3061 m, 3 Std.; Großglockner, 3798 m, 6 Std.

Oberwalderhütte, 2972 m (D 3), Alpenverein, Postleitzahl: 5760 Saalfelden, zu Pfingsten und im Sommer bewirtschaftet. Zugänge: von der Kaiser-Franz-Josef-Höhe, 3½ Std. (am Gamsgrubenweg über den Wasserfallwinkel zur Oberwalderhütte, Markierung unbedingt beachten!); von Heiligenblut, 6 Std. Übergänge: zur Schwarzenberghütte über die Bockkarscharte, Weg Nummer 727, ca. 4 Std.; zur Hofmannshütte (derzeit wegen Neubau gesperrt!), 2 Std.; zum Heinrich-Schwaiger-Haus über die Keil- und Gruberscharte, am Weg Nummer 718, 6-7 Std. (hochalpiner Übergang!); zum Berghotel Rudolfshütte über die Obere Ödwinkelscharte, auf den Wegen Nummer 702 und 715, 4 Std.; zum Gruberschartenbiwak, 2 Std. Alle diese Übergänge sind Gletscherbegehungen. Achtung auf die Eisverhältnisse! Erkundigen Sie sich bitte beim Hüttenwart! Gipfel: Breitkopf, 3154 m, 1¼ Std.; Fuscher-Kar-Kopf, 3331 m, 2½ Std.; Johannisberg, 3453 m, 3 Std.

Pasterzenhaus, 2112 m (E 3), privat, Postleitzahl: 9844 Heiligenblut, im Sommer bewirtschaftet. 5 Min. vom Glocknerhaus, nähere Angaben siehe dort.

Salmhütte, 2638 m (D 4), Alpenverein, Postleitzahl: 9981 Kals am Großglockner, im Sommer bewirtschaftet. Zugänge: von Heiligenblut, 5 Std.; vom Glocknerhaus, 3 Std.; vom Lucknerhaus über die Glorer Hütte, 3 Std. Übergänge: zur Glorer Hütte, 1¾ Std.; zur Stüdlhütte, 2½ Std.; zur Erzherzog-Johann-Hütte, 3½ Std. Gipfel: Großglockner, 3798 m, 5 Std.

Salzburger Hütte, 1860 m (D 2), Österreichischer Touristenklub, Postleitzahl: 5710 Kaprun, im Winter und Sommer bewirtschaftet. Zugänge: von der Mittelstation der Bergbahn zum Kitzsteinhorn; von Wüstelau, 2 1/2 Std.; vom Kesselfall-Alpenhaus, 2 1/2 Std. Übergang: zur Krefelder Hütte, 1 1/2 Std. Gipfel: Geißstein, 2230 m, 1 1/4 Std.; Kitzsteinhorn, 3203 m, 4 Std.

Schwarzenberghütte (ehem. Mainzer Hütte), 2267 m (E 3), Alpenverein, Postleitzahl: 5672 Fusch an der Großglocknerstraße, im Sommer bewirtschaftet. Zugang: von Ferleiten, 3 1/2 Std. Übergang: über die Bockkarscharte zur Oberwalderhütte, 3 1/2 Std.; über die Gruberscharte zum Stausee Mooserboden, 5 Std. (schwierig); über die Keilscharte zum Stausee Mooserboden, 6 Std.; über die Dock-, Gruber-, Bratschenkopf- und Wielingerscharte zum Heinrich-Schwaiger-Haus, 7 Std. Gipfel: Großes Wiesbachhorn, 3564 m, 5 Std.; Vorderer Bratschenkopf, 3401 m, 4 1/2 Std.; Hohe Dock, 3348 m, 3 Std.; Großer Bärenkopf, 3396 m, 5 Std.; Fuscher-Kar-Kopf, 3331 m, 4 Std.; Remsköpfl, 2639 m, 1 Std.

Blumenpflücken am Berg

Stüdlhütte, 2802 m (D 4), Alpenverein, Postleitzahl: 9981 Kals am Großglockner, im Sommer bewirtschaftet. Zugänge: vom Lucknerhaus, 3 Std.; von Kals, 5 1/2 Std. Übergänge: zur Glorer Hütte, 2 1/2 Std.; zur Salmhütte, 4 Std.; zur Adlersruhe, 3 Std.; zur Oberwalderhütte, 5 Std. Über die Romariswandscharte (3428 m) zur Hofmannshütte (derzeit wegen Neubau gesperrt!), 5 1/2 Std.: Nur bei sichersten Verhältnissen sollte man diese höchste Schartenüberschreitung in der Glocknergruppe durchführen. Der Anstieg zur Romariswandscharte führt über das Teischnitzkees unter den Felsen des Teufelskamp in 2 1/2 Std. hindurch zum Sattel. Bei Blankeis ist der Abstieg über den Romariswandkopf und die Schneewinkelscharte empfehlenswerter, als über den arg zerklüfteten Teufelskampkees abzusteigen (III.) – Auf den Großglockner, 3798 m, 4 1/2 Std.: Einer der klassischen Anstiegswege führt von der Stüdlhütte über den Stüdlgrat auf den höchsten Berg Österreichs. Über die Schere und den anschließenden Luisengrat erreicht man die Luisenscharte (Firngrat). Hier beginnt der schönste aller Grate des Großglockners. Mittels Seilsicherung wird der schwierige Anstieg etwas erleichtert. Ungemein elegant turnt man dem steil aufragenden Gipfel entgegen, den man direkt am Ende des Stüdlgrates betritt. – Der Anstieg über die Adlersruhe ist entschieden einfacher: Bei der Luisenscharte verlässt man den Grat und folgt dem Alten Kalser Weg zur Erzherzog-Johann-Hütte, 3451 m. Von dort führt über das Glocknerleitl der Anstieg zum Kleinglockner und gesichert über die Scharte der Gipfelanstieg zum Großglockner (1½ Std. von der Adlersruhe). – Auf den Gramul, 3276 m (2 Std.): Vorerst geht man in Richtung Schere bergan, biegt aber bald nach links ab und folgt in etwa der Zunge des Teischnitzkees, übersteigt diese und erreicht im weiten Bogen den Schieferaufbau des Gramul.

Wallackhaus, 2304 m (F 3-4), privat, Postleitzahl: 9844 Heiligenblut, im Sommer bewirtschaftet. Zugang: an der Großglockner-Hochalpenstraße; von Heiligenblut, 3 Std. Übergänge: Sessellift auf das Schareck, 2606 m; zur Litzlhofalm, 3 Std.

Granatspitzgruppe

Bergeralm, 1636 m (C 4), privat, Postleitzahl: 9981 Kals am Großglockner, im Sommer bewirtschaftet. Zugang: von Kals/Hotel Taurerwirt durch die Daberklamm, 1 Std. Übergang: zum Kalser Tauernhaus, 1½ Std.

Blauspitz Bergrestaurant, 2305 m (C 4), privat, Postleitzahl: 9981 Kals am Großglockner, im Sommer und Winter bewirtschaftet. Zugang: mit dem Sessellift erreichbar; Bergstation der Kalser Bergbahnen. Übergang: zum Kals-Matreier-Törl-Haus, 1½ Std. Gipfel: Klettersteig auf die Blauspitz, 2575 m, nur für Geübte!

Enzingerboden, Alpengasthof, 1480 m (C 2), privat, Postleitzahl: 5723 Uttendorf, ganzjährig geöffnet. Zugang: Straße bzw. Fußweg ab Uttendorf, 4 1/2 Std. Übergänge: zur Rudolfshütte, 2 1/2 Std.; zur Krefelder Hütte, 6 Std. Gipfel: Sprengkogel, 2204 m, 2 1/2 Std.; Medelzkopf, 2761 m, 4 Std.; Stubacher Sonnblick, 3088 m, 6 1/2 Std.

Glocknerblick, Restaurant, 1944 m (C 4), privat, Postleitzahl: 9981 Kals am Großglockner, im Sommer und Winter bewirtschaftet. Im Winter Schigebiet. Zugänge: von Großdorf, 1½ Std.; von der Mittelstation der Kalser Bergbahnen, ¾ Std. Übergang: zur Goldried-Bergbahn-Bergstation, 2 Std.

Grünseehütte, 2245 m (B 3), Alpenverein (beaufsichtigt, Schlüssel beim Hüttenwart, Selbstversorgerhütte), Postleitzahl: 9971 Matrei in Osttirol. Zugang: vom Matreier Tauernhaus, 1 3/4 Std. Übergänge: zur St. Pöltner Hütte, 2 Std. (nur für Geübte); zur Rudolfshütte über den St. Pöltner-Ostweg, 8 Std. (schwierige hochalpine Tour, nur für erfahrene Alpinisten). Gipfel: Hochgasser, 2922 m, 2 1/2 Std.; Messeling, 2693 m, 2 Std.

Kals-Matreier-Törl-Haus, 2207 m (C 4), privat, Postleitzahl: 9971 Matrei in Osttirol, im Sommer bewirtschaftet. Zugänge: von Matrei, 3 1/2 Std.; von Kals/Großdorf, 3 Std. Übergänge: zur Bergstation der Kalser Bergbahnen, 1 3/4 Std.; zur Goldried-Bergbahn-Bergstation am Europa-Panoramaweg, 1 Std.; zur Sudetendeutschen Hütte, 3 1/2 Std. (nur für Geübte). Gipfel: Gorner, 2702 m, 1 1/2 Std.; Rotenkogel, 2762 m, Grattour über den Gorner, 2 1/4 Std.; Brunnerkogel, 2607 m, am Sudetendeutschen Höhenweg, 2 Std.

Karl-Fürst-Hütte, 2629 m (B 3), Alpenverein (offene Unterstandshütte). Zugang: über den St. Pöltner-Ostweg, Wegmitte, 5 Std.

Rudolfshütte, 2311 m (C 3), privates Berghotel, Postleitzahl: 5723 Uttendorf, im Winter und Sommer bewirtschaftet. Südwestlich der Hütte befindet sich der Kristall-Klettersteig (Schwieirigkeitsgrad E), der schwierigste Klettersteig Österreichs! Zugänge: Seilbahn bzw. Fußweg vom Enzingerboden, 2 1/2 Std.; von Kals, 5 1/2 Std. Übergänge: zum Kalser Tauernhaus, 3 1/2 Std.; auf dem Krefelder Weg zur Krefelder Hütte, 8-9 Std.; zur Oberwalderhütte, 5 1/2 Std. Gipfel: Granatspitze, 3086 m, 3 1/2 Std.; Stubacher Sonnblick, 3088 m, 4 Std.; Johannisberg, 3453 m, 5 Std.; Hohe Riffl, 3338 m, 5 Std.; Medelzkopf, 2761 m, 1 1/2 Std.; Rifflkarkopf, 3016 m, 3 Std.; Hocheiser, 3206 m, 6 Std.; Hohe Fürleg, 2943 m, 4 Std.; Aderspitz, 2990 m, 4 Std.

St. Pöltner Hütte, 2481 m (A 2), Alpenverein, Postleitzahl: 5730 Mittersill, im Sommer bewirtschaftet. Zugänge: vom Matreier Tauernhaus, 3 1/2 Std.; vom Hintersee, 3 1/2 Std. Übergänge: zur Neuen Prager Hütte, 6 Std.; zur Rudolfshütte, 10 Std. Gipfel: Tauernkogel, 2988 m, 1 1/2 Std.; Hochgasser, 2922 m, 2 Std.; Hochfürleg, 2852 m, 2 Std.

Sudetendeutsche Hütte, 2656 m (B 4), Alpenverein, Postleitzahl: 9971 Matrei in Osttirol, im Sommer bewirtschaftet. Zugänge: von Matrei/Glanz über die Steiner Alm, 4 Std.; von Kals, 4 Std.; von der Felbertauern-Straße (Felbertauern-Stüberl), 4½ Std. Übergänge: zum Kals-Matreier-Törl-Haus, 4 Std.; zum Kalser Tauernhaus, auf Weg 514, 4 Std.; zur Rudolfshütte, 7-8 Std. Gipfel: Muntanitz, 3232 m, über Kamin mit Seilsicherung, 2½ Std.; Gradötz, 3063 m, 1½ Std. (schwierige Hochtour!); Vordere Kendlspitz, 3085 m, letztes Stück mit Seilsicherung, 2¼ Std.

Lesach/Gemeinde Kals am Großglockner

Goldberggruppe

Alter Pocher, 1809 m (G 4), privat, im Kleinfleißtal, Postleitzahl: 9844 Heiligenblut, im Sommer bewirtschaftet. Zugang: von Heiligenblut, 1 1/2 Std. oder mit dem Auto. Übergänge: zum Zittelhaus am Hohen Sonnblick, 3 1/2 Std. (nur für Geübte); zur Rojacherhütte über den Hohen Sonnblick, 4 1/2 Std. (nur für Geübte). Gipfel: Goldzechkopf, 3042 m, über die Goldzechscharte, 3 Std. (nur für Geübte); Hocharn, 3254 m, 4 Std. (nur für Geübte).

Ammererhof, 1596 m (H 3), privat, Postleitzahl: 5661 Kolm-Saigurn, im Sommer bewirtschaftet. Zugänge: vom Bodenhaus, 1 1/2 Std.; von Wörth, 4 Std.; im Sommer mit Bus erreichbar. Übergänge: zum Niedersachsenhaus, 2 Std. (mittel); zur Zitterauer Alm über den Zimburgweg, 5 Std. (nur für Geübte!); zum Valeriehaus über die Riffelscharte, 2471 m, 4 1/2 Std. (mittel); zum Naturfreundehaus, 1 3/4 Std. (mittel); zur Duisburger Hütte über die Fraganter Scharte, 2754 m, 5 Std. (nur für Geübte, Gletschertour!); zur Rojacherhütte, 3 Std. (mittel); zum Zittelhaus am Hohen Sonnblick, 5 Std. (nur für Geübte!); zur Bockhartseehütte über die Bockhartscharte, 2226 m, 3 1/2 Std. (mittel). Gipfel: Hoher Sonnblick, 3106 m, 5 Std. (nur für Geübte!); Hocharn, 3254 m, über den Erfurter Weg, 6 Std. (nur für Geübte!); Goldbergtauernkogel, 2776 m, 4 Std. (nur für Geübte, Gletschertour!); Herzog-Ernst-Spitze, 2933 m, 4 Std. a) über die Fraganter Scharte, nur für Geübte, Gletschertour; b) über das Niedersachsenhaus, 5 Std. (nur für Geübte, Grattour!); Seekopf, 2413 m, 3 Std. (mittel).

Bodenhaus, 1230 m (H 3), privat, im Hüttwinkltal, Postleitzahl: 5661 Rauris, ganzjährig bewirtschaftet. Zugang: von Wörth, 2 1/2 Std. (leicht). Übergänge: zum Ammererhof in Kolm-Saigurn, 1 1/2 Std. (leicht); zum Lechnerhäusl, 1/2 Std. (leicht).

Duisburger Hütte, 2573 m (H 4), Alpenverein, südlich des Schareck, Postleitzahl: 9831 Flattach, im Sommer bewirtschaftet. Zugänge: von Kolm-Saigurn über die Fraganter Scharte, 2754 m, 5 Std. (nur für Geübte, Gletschertour!); von Innerfragant, 5 Std. (mittel); von Mallnitz über die Feldseescharte, 2714 m, 7 Std. (nur für Geübte, Ausdauer erforderlich!); von der Bergstation der Tunnelbahn, $\frac{3}{4}$ Std. (leicht). Übergänge: zur Hagener Hütte über die Feldseescharte, 2714 m, 4 Std. (mittel, Tauernhöhenweg, Zentralalpenweg 02); zum Dr.-Rudolf-Weißgerber-Biwak, 3 Std. (mittel); zur Fraganter Hütte über die Saustellscharte, 2560 m, und das Schobertörl, 2360 m, 6 Std. (nur für Geübte!); zum Niedersachsenhaus über die Herzog-Ernst-Spitze, 2933 m, 5 Std. (nur für Geübte!); zum Naturfreundehaus über die Fraganter Scharte, 2754 m, 3 Std. (mittel, Gletschertour!). Gipfel: Weinflaschenkopf, 3008 m, $1\frac{1}{2}$ Std. (mittel); Weißseekopf, 2908 m, $1\frac{1}{2}$ Std. (nur für Geübte!); Schareck, 3123 m, 2 Std. (mittel, Gletschertour!); Herzog-Ernst-Spitze, 2933 m, über die Fraganter Scharte, 2754 m, 2 Std. (nur für Geübte!); Goldbergtauernkogel, 2776 m, 1 Std. (mittel).

Heimalm, 1460 m (H 2), privat, westlich von Rauris, Postleitzahl: 5661 Rauris, ganzjährig bewirtschaftet. Zugänge: von Rauris, $1\frac{1}{2}$ Std. oder mit der Gondelbahn. Übergang: zur Hochalm, 1 Std. (leicht).

Hochalm, 1768 m (H 2), privat, westlich von Rauris, an der Gondelbahn-Bergstation, Postleitzahl: 5661 Rauris, ganzjährig bewirtschaftet. Zugänge: von Rauris über den Kreuzboden, 3 Std. (leicht); von Einöden, $2\frac{1}{2}$ Std.; von Wörth, $2\frac{1}{2}$ Std. Übergänge: zum Restaurant Kreuzboden, 2 Std. (leicht); zur Heimalm, $\frac{3}{4}$ Std. (leicht). Gipfel: Reißrachkopf, 2210 m, $1\frac{1}{2}$ Std. (mittel); Hirschkopf, 2252 m, 2 Std. (mittel); Baukogel, 2224 m, $2\frac{1}{2}$ Std. (nur für Geübte!); Schwarzwand, 2194 m, 2 Std. (mittel, lohnende Aussicht!).

Kreuzboden, 1264 m (H 2), privates Restaurant, am Kreuzboden, Postleitzahl: 5661 Rauris, ganzjährig bewirtschaftet. Zugänge: von Rauris, $\frac{1}{2}$ Std. oder mit dem Sessellift von Gstatt. Übergänge: zur Heimalm, $\frac{3}{4}$ Std.; zur Hochalm, $2\frac{1}{2}$ Std. (leicht).

Litzlhofalm, 1727 m (F 3), privat, im hintersten Seidlwinkltal, Postleitzahl: 5661 Wörth/Rauris, im Sommer bewirtschaftet. Zugänge: von Wörth, 5 Std.; vom Rauriser Tauernhaus, 1 Std. Übergang: zum Wallackhaus, 3 Std.

Naturfreundehaus Kolm-Saigurn, 1596 m (H 4), Naturfreunde, Postleitzahl: 5661 Kolm-Saigurn, ganzjährig bewirtschaftet. Zugang, Übergänge und Gipfel siehe unter Ammererhof.

Naturfreundehaus-Neubau, 2176 m (H 4), Naturfreunde, am Weg zum Hohen Sonnblick, Postleitzahl: 5661 Kolm-Saigurn, im Sommer bewirtschaftet. Zugang: von Kolm-Saigurn, $1\frac{1}{2}$ Std. (mittel). Übergänge: zur Duisburger Hütte über die Fraganter Scharte, 2754 m, 3 Std. (mittel, Gletschertour!); zur Rojacherhütte, 2 Std. (mittel); zum Zittelhaus, $3\frac{1}{2}$ Std. (nur für Geübte!). Gipfel: Hoher Sonnblick, 3106 m, 3 Std. (nur für Geübte!); Herzog-Ernst-Spitze, 2933 m, 3 Std. (nur für Geübte!); Schareck, 3123 m, 3 $\frac{1}{2}$ Std. (nur für Geübte!, Grattour!).

Otto-Umlauft-Biwak, 2984 m (G 3), Notunterkunft, Alpenverein, westlich des Hocharn. Zugänge: von Heiligenblut, 6 Std.; vom Hochtor, 4 Std. (nur für Geübte!). Übergang: zum Zittelhaus, 5 Std. Gipfel: Hocharn, 3254 m, $1\frac{1}{2}$ Std. (nur für Geübte!); Hoher Sonnblick, 3106 m, 5 Std. (nur für Geübte!).

Rauriser Tauernhaus, 1526 m (FG 3), privat, im Seidlwinkltal, Postleitzahl: 5661 Wörth/Rauris, im Sommer bewirtschaftet. Zugang: von Wörth, 4 Std. Übergang: zur Litzlhofalm, $\frac{3}{4}$ Std.

Rojacherhütte, 2719 m (H 4), Alpenverein, am Sonnblick-Ostgrat, Postleitzahl: 5661 Rauris, im Sommer einfach bewirtschaftet. Zugang: von Kolm-Saigurn, 3 Std. (mittel). Übergänge: zum Naturfreundehaus, $\frac{3}{4}$ Std.; zum Zittelhaus, $2\frac{1}{2}$ Std. (nur für Geübte!). Gipfel: Goldbergtauernkogel, 2776 m, $1\frac{1}{4}$ Std. (mittel); Hoher Sonnblick, 3106 m, 2 Std. (nur für Geübte!); Schareck, 3123 m, $1\frac{1}{2}$ Std.

Schareck Wirtshaus, 2552 m (F 4), privat, Postleitzahl: 9844 Heiligenblut, ganzjährig bewirtschaftet. Zugang: an der Bergstation der Lifte Heiligenblut; von Heiligenblut, $3\frac{1}{2}$ Std.

Zittelhaus, 3105 m (H 4), Alpenverein, am Hohen Sonnblick, Observatorium, Postleitzahl: 5661 Kolm-Saigurn, im Sommer bewirtschaftet. Zugänge: von Kolm-Saigurn, 5 Std. (nur für Geübte!); von Heiligenblut, 6 Std. (nur für Geübte!). Übergänge: zum Otto-Umlauft-Biwak, 5 Std. (nur für Geübte!); zur Rojacherhütte, $1\frac{1}{2}$ Std. (nur für Geübte!). Gipfel: Hocharn, 3254 m, 4 Std. (nur für Geübte!); Goldbergspitze, 3073 m, 1 Std. (nur für Geübte!); Schareck, 3123 m, 4 Std. (nur für Geübte!).

Alpine Notrufnummern

Europaweit 112 • Österreich 140

Aus Umweltschutzgründen wäre es gut, wenn Sie Ihre Abfälle wieder mit nach Hause nehmen!

Unterwegs mit dem Rad

RADWEGE

Der **Tauern-Radweg**, auf diesem Kartenblatt auch als **Pinzgauer-Radweg** bezeichnet, ist 300 km lang und führt durch eine recht unterschiedliche Landschaft von den Krimmler Wasserfällen bis nach Passau. Das beeindruckende Gebirge der Tauern war namengebend für diesen Radweg. Die Route verläuft auf flachen bis leicht hügeligen Wegen, großteils verkehrsfrei, entlang der Flüsse Salzach und Inn, durch die schönsten Gebiete der Bundesländer Salzburg und Oberösterreich.

Der **Glockner-Radweg** führt vom Ursprung der Möll durch das Mölltal, verläuft durch 11 Gemeinden und mündet bei Spittal an der Drau in den Drau-Radweg.

Von Matrei in Osttirol kommend begleitet der **Iseltal-Radweg** die Isel bis Lienz.

Adlerweg – Wandern auf den Schwingen des Adlers

ADLERWEG

Tirols Hauptwanderweg, der Adlerweg, führt den Wanderer auf seiner Hauptroute quer durch das ganze Land: von St. Johann im Tiroler Unterland vorbei am Wilden Kaiser, weiter durch die Brandenberger Alpen, durch das Rofan- und Karwendelgebirge und schließlich durch die Lechtaler Alpen nach St. Anton am Arlberg. Diese Streckenführung ergibt die stilisierte Silhouette eines Adlers. Die Regionalrouten führen in die Seitentäler des Inntals, das Paznaun-, Kauner-, Pitz-, Ötz-, Stubai- und Zillertal sowie ins Tannheimer Tal, in den Kaiserwinkl und in die Kitzbüheler Alpen. Der Jungadler über Osttirol bietet den Wanderern – wie der Adlerweg in Nordtirol – die ganze Vielfalt an Wanderungen in den Bergen: von anspruchsvollen hochalpinen Wanderungen bis hin zu gemütlichen Wanderungen querfeldein reicht das Repertoire. Einheitlich beschildert, gut markiert und detailliert beschrieben führt der Adlerweg durch eine wunderschöne Landschaft hin zu Tirols schönsten Plätzen. Sehen Sie selbst! Nähere Infos und Tipps unter www.adlerweg.tirol.at

Wir danken den Tourismusverbänden und alpinen Vereinen, die uns bei der Aktualisierung des vorliegenden KOMPASS-Lexikons tatkräftig unterstützt und uns Bildmaterial zur Verfügung gestellt haben.

ORTSBESCHREIBUNGEN:

Die Telefon- und Faxnummern der Fremdenverkehrs- bzw. Tourismusverbände finden Sie auf Seite 77.

BRUCK AN DER GROSSGLOCKNERSTRASSE EF 1

Gemeinde, Bezirk Zell am See, Einwohner: 4460, Höhe: 755 m, Postleitzahl: 5671. **Auskunft:** Tourismusverband Großglockner – Zellersee, Glocknerstraße 10, Bruck. **Bahnstationen:** Bruck-Fusch und Zell am See (Schnellzugstation, 5 km). Busverbindung nach Zell am See, Taxenbach und Mittersill und in den Sommermonaten über die Großglockner-Hochalpenstraße nach Heiligenblut.

Bruck an der Großglocknerstraße ist ein Erholungsdorf im Salzburger Land inmitten der zauberhaften Landschaft des Pinzgaues. Es liegt am Rande des Zeller Beckens, an der Mündung des Fuscher Tales in das Salzachtal, begrenzt von den Hohen Tauern im Süden und den reichbewaldeten Pinzgauer Grasbergen im Norden. Die Gemeinde besteht aus mehreren Ortsteilen, die zum Teil auf einer sonnseitigen Talterrasse abseits des großen Hauptverkehrs liegen. Die ruhige Lage bietet die idealen Voraussetzungen für gute Erholung. Seine Tradition auf dem Tourismussektor ist eng verknüpft mit dem Bau der Großglockner-Hochalpenstraße (1930 – 1935), deren unmittelbarer nördlicher Ausgangspunkt Bruck ist.

Schriftlich erwähnt wurde der Ort erstmals im Jahr 1227 als „Prugg in Pinzgey", doch lassen Funde aus der Römer- und Bronzezeit auf eine frühe Siedlungstätigkeit schließen. Eine Dorfkirche muss schon vor 1400 bestanden haben. Aus dieser Zeit stammt auch die Legende des Gnadenbildes der Madonna auf dem Eis, die auf einer Eisscholle treibend aus der Salzach geborgen wurde. Die Kirche und nahezu alle Gebäude am rechten Salzachufer wurden durch einen großen Brand im Jahr 1867 vernichtet.

Bruck an der Großglocknerstraße liegt im Salzachtal

Sehenswert im Ort und in der Umgebung

Die **Pfarrkirche zur hl. Maria**, eine dreischiffige Hallenkirche aus dem 19. Jh., im Inneren gotische Muttergottes („Eismadonna", um 1500). – Das **Schloss Fischhorn**, öfters umgebaut, abgebrannt und wieder aufgebaut (Privatbesitz, nicht zugänglich). – In **St. Georgen** die spätgotische **Pfarrkirche zum hl. Georg**. – In **Hundsdorf** die **Franziskanerkirche zum hl. Antonius von Padua** aus dem 18. Jh.

Wanderungen und Bergtouren

Siehe auch Anschlussblatt, KOMPASS-Wanderkarte 30 „Saalfelden – Saalbach – Zell am See."

Nach Thumersbach über die Enzianhütte, 1300 m, 1 Std. – Zur Jausenstation Taxhof, 1 Std. – Spaziergang durch den Ort, 2 Std. (Ortsmitte – Krössenbach – Glocknerstraße

– Stegfeldsiedlung – Bahnhof – Kirchplatz). – Zum Schloss Fischhorn, 3/4 Std. – Zur Erlhofplatte, 1368 m, 2 Std. – Zum Statzerhaus am Hundstein, 2117 m, 5 Std. (mittel). Wanderung nach **Pichl,** 2 1/2 Std.: Von der Ortsmitte geht man nach Osten zum Bahnhof hinauf und erreicht in derselben Richtung die Bahnunterführung. Am Umspannwerk vorbei geht man nun geradeaus an der Stegfeldsiedlung vorbei. Nach links führt dieser Weg neben einem Heustadel hinunter zur Fuscher Ache. Entlang der reißenden Ache spaziert man nach der Brücke neben der Umfahrungsstraße weiter bis zur Brücke über die Fuscher Ache. Nach der Brücke wandert man nach rechts zum Gasthof Hermannmühle, von wo man über die ansteigende Straße Pichl erreicht, eine Ansiedlung mehrerer Bauernhöfe. Von hier kann man auf demselben Weg oder nach der Brücke über die Fuscher Ache geradeaus über die Umfahrungsstraße, dann links zur Glocknerstraße und dieser folgend zum Ausgangspunkt zurückkehren. – Rundwanderung zur **Jausenstation Kohlschnait,** 899 m, 3 Std.: Auf dem vorhin beschriebenen Weg gelangt man nach Pichl und nach Südosten zwischen den Höfen hindurch auf einen Güterweg. Nach dem letzten Haus ein Stück rechts und dann gleich links dem stetig steigenden Weg durch das Weidegebiet folgend. Mehrere Bänke laden zur Rast ein. Nach einigen Kehren führt der Weg aus der steilen Weideregion an den Rand des Hochwaldes und wird nun flacher. Bei der Weggabelung sieht man schon zur weiß leuchtenden Jausenstation hinunter, die man nach wenigen Metern erreicht. Eine asphaltierte Straße führt steil hinunter zum Kellner. Entlang eines wenig befahrenen Weges kehrt man nach Bruck zurück. Beim Oberhof vorbei durchquert man eine Siedlung, überschreitet die Fuscher Ache und gelangt nach kurzem Anstieg zur Stegfeldsiedlung, welche man in Richtung Bahngleise verlässt und erreicht nach der Bahnlinie in wenigen Minuten den Ausgangspunkt. – Auf den **Brucker Berg,** ca. 1300 m, 2 Std.: Man folgt der Glocknerstraße etwa 1 1/2 km und biegt dann auf eine Fahrstraße nach rechts ab. In gemächlicher Steigung erreicht man rasch die erste Kehre, von wo man durch die Lärchen hindurch eine gute Aussicht auf den Zeller See hat. Der Rückweg erfolgt am Anstiegsweg. – Wanderung nach **Kaprun,** 4 Std.: Von der Ortsmitte geht man über die Kapruner Straße bis zur Salzachbrücke und wendet sich vor der Brücke nach links. Entlang der Salzach wandert man bis zum Gasthof „Brückenwirt", 756 m, weiter geradeaus am „Romantikweg" entlang bis in den Ort Kaprun. Es empfiehlt sich vor der Wanderung Informationen über die Rückfahrmöglichkeiten einzuholen. – Man kommt auf verschiedenen Routen zum Fuß der **Drei Brüder.** Unterhalb der Gipfel beginnt die Kammwanderung über die Drei Brüder, wobei man den Stolzkopf, 2138 m, den Schafelkopf, 2266 m (Gipfelkreuz mit Gipfelbuch) und den Breitkopf, 2251 m, überqueren kann. **Achtung:** Für die Kammbegehung auf dem Steig 730 sind Trittsicherheit und Schwindelfreiheit notwendig! a) Der Aufstieg erfolgt von Pichldorf oder Niederhof auf Weg Nr. 11 – vorbei an der Jausenstation Kohlschnait, 899 m, benutzt man den Weg Nr. 736 auf den Pichlkampen, 1422 m. An der Jagdhütte Neunbrünn vorbei zum Bergrücken „Auf der Scheiben", dort weiter zur unbewirtschafteten Heubergalm, 1663 m, und entweder weiter zur unbewirtschafteten Erlhofalm, 1653 m, oder kurz vor der Heubergalm rechts hinauf zur Heubergscharte, 1915 m, wo man auf den Weg 730 gelangt. Für den Anstieg bis zur Heubergalm benötigt man 4 Stunden, bei Überquerung der Gipfel und Abstieg zur Erlhofalm, 6 Std. b) Aufstieg vom Sägewerk Heimhofer: der kürzeste Weg ist vom Sägewerk Heimhofer (mehr als die Hälfte der Strecke, bis zum versperrten Tor – Parkmöglichkeit – könnte man auch mit dem Auto hinauffahren) über Unter- und Oberreit und Kösslriß auf einem schattigen Almweg, Nr. 732, zur Erlhofalm, 1653 m. Vorbei unterhalb der Schinderköpfe steigt man auf die Scharte zwischen Breit- und Schafelkopf auf, von dort sind es nur mehr wenige Schritte bis zu den Gipfeln. Für den Anstieg bis zur Erlhofalm benötigt man ca. 3 Stunden, bis zum Gipfel des Schafelkopfes ca. 4 Stunden. c) Abstieg nach Gries. Zwischen Breit- und Achenkopf steigt man durch das Kar zur unbewirtschafteten Fürstaualm, 1422 m, ab (nur für geübte Wanderer). Durch den Schaidmoosgraben, Weg Nr. 731, weiter talauswärts erreicht man Ober- bzw. Unterblasbichl und nun ist es nicht mehr weit bis nach Gries. Für den Rückweg nach Bruck bietet sich der Weg Nr. 9 am Südufer der Salzach an. Wer bereits müde ist, benützt den Postbus oder die Bahn von Gries nach Bruck. Gehzeit ab dem Schafelkopf ca. 4 Std. d) Abstieg nach Högmoos. Dem Weg Nr. 730 in östlicher Richtung folgend gelangt man zum Achenkopf, 2260 m, und von dort beginnt der Abstieg über die Hinterthannalm und den Thannberg nach Högmoos. Mit der Bahn (ab Gries) oder dem Postbus gelangt man zurück nach Bruck. Gehzeit ab Scharte zwischen Breit- und Schafelkopf, ca. 4 – 5 Std. – Zum **Imbachhorn,** 2470 m: Es gibt mehrere Möglichkeiten, diesen vorgeschobenen Posten der Glocknergruppe zu besteigen. Neben den Anstiegswegen von Fusch oder Kaprun kann man eine ausgedehnte Wanderung von Bruck über den Brucker Berg zum Gipfel unternehmen. Vom südlichen Ortsende steigt man auf der Forststraße den Brucker Berg hinauf, genießt dabei den Blick auf den Zeller See und gelangt nach einer Stunde zum Hahneck, 1301 m. Man folgt dem Weg durch dichten Fichtenbestand. Hier beginnt ein schattiger Pfad, der aus dem Wald heraus über abfallende Wiesen zur Bäckenanderlalm führt. Bis dorthin ist man etwa 3 Std. von Bruck unterwegs. Im rechten Kar vereinigt sich unser Anstiegsweg mit dem Steig, der von Kaprun heraufzieht. In einigen Kehren steigt man nun hinauf zum östlichen Kamm, den das Imbachhorn aussendet. Entlang der Südostflanke schlängelt sich der Steig bis zu einer Scharte im Süden des Gipfels. Von dort ersteigt man ohne besondere Schwierigkeiten über den steilen Aufschwung den aussichtsreichen Gipfel. Die etwa 5½ stündige Wanderung hat sich gelohnt, denn die Zeller Furche liegt dem Betrachter gleichsam zu Füßen. Den Abstieg wählt man am günstigsten über die Gleiwitzer Hütte, 2174 m, nach Fusch an der Großglocknerstraße. Tief unter uns im Kar liegt die kleine Lacke des Brandlsees. Nach der Querung des bis spät ins Frühjahr mit Firn bedeckten Hanges steigt man nach einem Rücken steil durch schieferreiches Gestein hinunter und findet sich nach wenigen Schritten in der gemütlichen Gleiwitzer Hütte ein. Von der Hütte führt in drei Stunden ein guter Steig über die Hirzbachalm, 1715 m, hinunter nach Fusch, von wo man mit dem Bus oder per Autostop den Ausgangspunkt in Bruck erreicht.

FUSCH AN DER GROSSGLOCKNERSTRASSE F 2

Gemeinde, Bezirk Zell am See, Einwohner: 700, Höhe: 813 m, Postleitzahl: 5672. **Auskunft:** Tourismusverband Großglockner – Zellersee, Glocknerstraße 10, Bruck. **Bahnstationen:** Bruck-Fusch (7 km) und Zell am See (Schnellzugstation, 13 km). Busverbindung nach Bruck an der Großglocknerstraße und in den Sommermonaten über die Großglockner-Hochalpenstraße nach Heiligenblut.

Das Fuscher Tal war früher ein einsames Seitental im Pinzgau. Lediglich Pilger benützten den alten Passweg, der heute nur noch an wenigen Stellen erkennbar ist. In seiner Mitte liegt das sonnige Dörfchen Fusch, dessen Geschichte stark mit dem Goldbergbau im nahen Hirzbachtal verbunden ist. Zur Gemeinde gehören die Ortsteile Ferleiten und Bad Fusch. Dieses Bad zählte bis zu Beginn des 20. Jh. zu den berühmtesten in Österreich, wurde jedoch dann vollständig aufgelassen. Der Ort gewann durch den Bau der Großglockner-Hochalpenstraße (1930 – 1935) große Bedeutung.

Sehenswert im Ort und in der Umgebung

Die **Pfarrkirche zu den hll. Ägydius und Martin** bestand bereits im 14. Jh. 1971 erfolgte ein Neubau unter Einbeziehung des gotischen Turmes und Chores. – Zahlreiche alte **Bauernhöfe** im Ortsgebiet und die **Mühle** beim Schnablerbauern sind sehenswert. – In **Ferleiten** die kleine barocke, schindelgedeckte **Kapelle zur hl. Katharina** und der **Wildpark**. – **Naturlehrpfad** am **Piffkar**. – Südlich von Hochmaiß das **Museum „Alpine Naturschau“**; im Haus ist die Ausstellung „Faszination oberhalb der Baumgrenze – Erlebnis alpine Ökologie“ und im Freigelände ein **botanischer Lehrweg** und eine Gesteins- und Flechtenausstellung zu sehen. Öffnungszeiten: Anfang Mai bis Ende Oktober.

Wanderungen und Bergtouren

In das **Sulzbachtal,** 2 Std.: Nördlich von Fusch zweigt man nach rechts zur Ansiedlung Sulzbach ab. Über der Klamm, die der reißende Sulzbach durchtost, führt eine gute Fahrstraße in mehreren Kehren hinauf in den flacher werdenden Talboden. Unter den felsendurchsetzten steilen Wiesenflanken des Langweidkogels überschreitet man auf einer Brücke den Bach nach links und erreicht die saftigen Wiesen der Kammerer Grundalm, 1400 m. In diesem einsamen Seitental des Fuscher Tals erlebt man besonders im Frühsommer die Blütenpracht der Wiesen. Wer noch weiterwandern will, hält sich auf der rechten Bachseite und steigt auf einem Wiesenweg zur Hintersulzbachalm, 1575 m, hinauf. Der Rückweg durch dieses sonnige Tal erfolgt entlang des Aufstiegsweges. – Nach **Bad Fusch,** 1186 m, 1¼ Std.: Von der Ortsmitte Fusch zweigt ein bequem ansteigender Weg an der östlichen Talseite bis zum Weichselbachtal ab. Etwa vier Kilometer von Fusch entfernt liegen die Ruinen des ehemals so berühmten Kurortes Bad Fusch, das, ähnlich wie Bad Gastein, einst Weltruf genoss. Heute ist hier jedoch kein Gasthof, keine Hütte besiedelt, sodass nur für den Romantiker Leben in dem verfallenen Gemäuer herrscht. Auch mit dem Fahrzeug kann man diesen Ort erreichen, der einige nette Spaziergänge verspricht: Ins hintere **Weichselbachtal,** 1 Std.: Ein gemütlicher Waldweg führt am rechten Hang bis zu einer Wegkreuzung. Dort wendet man sich nach links und spaziert sanft steigend durch Wiesen und Waldgruppen zum Leberbründl. Entlang des dahinsprudelnden Baches kommt man zu einer Brücke und erreicht wenig später die wettergebräunte Steiningalm, 1402 m. Im weiten Talschluss führen viele Wege und Steige durch das Almgebiet, wo besonders der Blumenfreund auf seine Rechnung kommt, denn viele selten gewordene Exemplare der heimischen Flora beglücken das Herz des Wanderers. – Eine leichte Wanderung führt von Bad Fusch auf das **Kreuzköpfl,** 2094 m, 3 Std.: Ein ausgetretener Weg führt in etwa ¾ Std. über Weideboden auf das Kasereck, 1589 , von wo man einen prächtigen Fernblick auf die wilden Abstürze des Hohen Tenn und des Großen Wiesbachhorns hat. Immer am Rücken des Berges entlang führt der Steig immer höher, an einigen Felsspornen vorbei auf den breiten Gipfel des Kreuzköpfls. Die außerordentlich lohnende Rundsicht von diesem leicht besteigbaren Gipfel veranlasst jeden zu einer großzügigen Gipfelrast. – Auf den **Kühkarlkopf,** 2267 m, 3½ Std.: Von Bad Fusch wandert man zum Leberbründl, steigt dort am nordwärts-

Familienausflug in das Ferleitental

führenden Weg aufwärts, kommt an einer verfallenen Jagdhütte vorbei und geht gemütlich zum Gipfel hinüber. Die sanfte Form dieses Berges lockt im Frühjahr immer wieder Tourenskifahrer an, die entweder über den Firn auf der Südseite oder durch den Pulverschnee auf der Nordflanke über die Linzeralm zu Tal gleiten. Über den leicht fallenden Kamm kann man problemlos das Kreuzköpfl erreichen und über dieses nach Bad Fusch zurück absteigen. – Von Bad Fusch führt eine rassige Hochtour auf den 2765 m hohen **Schwarzkopf**, 4 Std.: Man steigt zuerst auf dem Fahrweg gemütlich in Richtung Leberbründl an, verlässt jedoch bei einer Wegkreuzung die Straße und steigt in südöstlicher Richtung über steile Wiesen bergan. Bald verschwindet der Weg in einer Baumgruppe und in zahlreichen Serpentinen windet sich der Steig über den steilen Hang hinauf zur Riegeralm, 1788 m. Nun befinden wir uns bereits über der Baumgrenze und erreichen in einer guten halben Stunde die Rieger Hochalm, 2055 m. Endlich wird der Anstiegsweg flacher und unter den Felsabstürzen des Klemerbrettkogels, 2567 m, erklimmt man die Grünkarscharte, 2438 m. Die Aussicht von diesem Punkt lässt sich kaum in Worte fassen. Doch man braucht noch fast eine Stunde, bis man zuerst über den Grat, dann durch Felsen steil den eleganten Gipfel des Schwarzkopfes betritt. Als Abstiegsweg kann man auch den kürzeren, jedoch steileren Pfad von der Grünkarscharte nach links nehmen, der zuerst die Kare nach Süden quert, um dann endlich über die Durcheckhütte, 1807 m, nach Ferleiten zu gelangen. Von dort geht es dann durch eine Schneise und später durch Hochwald auf einem steilen Weg oberhalb des Wildparks Ferleiten zum Hotel Lukashansl, direkt neben der Mautstelle in Ferleiten. – Rundwanderung über die **Drei Brüder, Achenkopf** und **Schreckalmhöhe** ins Sulzbachtal, 9 – 10 Std.: Diese anspruchsvolle Hochtour beginnt beim Sulzbachbauern am Ausgang des Sulzbachtales. Gleich hinter den Höfen zweigt ein steiler Waldweg (nicht markiert, streckenweise in sehr schlechtem Zustand, Achtung!) nach links ab und führt, ungefähr dem Kammverlauf folgend, in etwa drei Stunden auf den Langweidkogel, 2000 m. Die letzte halbe Stunde führt der Weg durch Wiesengelände und man kann den Ausblick auf das Zeller Becken genießen. Vom Langweidkogel muss man ein kurzes Stück zur Heubergscharte absteigen, ehe man über den grasigen Kamm zuletzt steil den Stolzkopf, 2138 m, den ersten der Drei Brüder erklimmt. Ein einfaches, mit dem Pfadfindersymbol geschmücktes Holzkreuz steht am Gipfel. Nur noch Pfadspuren führen über die Schneide mit kurzem Gegenanstieg zum Fußpunkt des Schafelkopfes, dem höchsten der drei, mit 2266 Metern Seehöhe. Durch steiles, felsdurchsetztes Gelände zieht der Steig in einem Graben und auf der Kante im Zickzack höher. Nun folgt ein Abstieg von etwa 70 Höhenmetern, ehe man den Breitkopf in Angriff nehmen kann. Am Gipfel trifft man auf den Weg, der von der Erlhofalm heraufführt. Jetzt folgt eine längere Kammwanderung, die im Abstieg zur Scharte führt, in der man auf den Anstiegsweg aus dem Sulzbachtal trifft. Am kleinen schwarzen Achensee vorbei steigt man auf einem schmalen Weg über die Grasflanken zum nördlichen Eckpfeiler des Fusch-Rauriser-Kammes der Glocknergruppe, zum Achenkopf, 2260 m, an. Genussvolles Wandern bergab steht nun nach dieser langen Überschreitung bevor: Über den breiten, aussichtsreichen Grasrücken spaziert man zur Schreckalmhöhe, 2138 m, dem sechsten Gipfel unserer Rundtour. Noch einmal geht es über einen kurzen Gegenanstieg, ehe wir über einem Waldstück in dem Sattel den Kamm verlassen und steil hinunter zur Angereralm, 1609 m, gelangen. Unsere müden Schritte verhallen in der Abenddämmerung, während wir noch eine Stunde Fußmarsch durch das Sulzbachtal hinaus zum Ausgangspunkt der Tour vor uns haben. – Wanderung durch die **Bärenschlucht:** Beim Wölflerbauern stellen wir unser Fahrzeug ab und notieren uns bei der gegenüberliegenden Bushaltestelle die Abfahrtszeiten des Busses in Ferleiten. Nun treten wir die etwa 1½-stündige Wanderung an, die bei der Embach-Kapelle beginnt. Abseits der Hauptstraße führt der Fußweg über Wiesen bis zur Engstelle, wo die Schlucht beginnt. Entlang der schäumenden Fuscher Ache fällt einem die breite Lawinenschneise auf, die von der Heuwandspitze herabzieht. Bald öffnet sich das Tal und der Weiterweg führt nun entlang einer Straße an mehreren Heustadeln vorbei zum Tauerngasthof. Bei der Mautstelle der Großglockner-Hochalpenstraße überqueren wir die Fahrbahn und erwarten den Autobus für die Rückfahrt. In der Zwischenzeit können wir noch den Wildpark, der gleich hinter dem Hotel Lukashansl liegt, besuchen. Auf diesem Freigehege kann man Hirsche, Zwergziegen, Gämsen, Pferde und Wildschweine beobachten. Auch ein Kinderspielplatz bietet den kleinen Wanderern viel Abwechslung. – Wanderung zum **Käfertal-Wasserfall,** 2 Std.: Dieser landschaftlich einzigartige Spaziergang führt vom Parkplatz beim Wildpark vor der Mautstelle über die Straße zum Tauerngasthof. Auf der rechten Talseite führt ein ebener Wanderweg zwischen Wiesen hindurch in den Talschluss. Die weißglänzende Firnflanke des Fuscher-Kar-Kopfes, das Fuscher Eiskar und die Felspyramiden des Kloben oder Brennkogels sind unsere ständigen Begleiter. Bei der Abzweigung halten wir uns rechts und gelangen auf einem guten Karrenweg zur Altjudenalm, 1486 m. Von dort wandert man am Hang entlang zum Wasserfall. Am selben Weg wandern wir zurück, nun die Sonne im Rücken und das in allen Grüntönen schimmernde Fuscher Tal vor uns. – Zur **Gleiwitzer Hütte,** 2174 m, 3½ Std. Vom Containerstandort am südlichen Ende von Fusch, gegenüber dem Gasthaus Lampenhäusl, geht man rechts an einem Sägewerk vorbei und steigt durch Laubwald auf einem bequemen breiten Steig zur Hirzbachalm an. Nach zwei Stunden überquert man den Bach auf einer hölzernen Brücke, ehe sich das Tal plötzlich weitet und man unmittelbar vor der Hirzbachalm, 1715 m, steht, hinter der sich der hoch aufragende Hohe Tenn in den Himmel erhebt. Das Hirzbachtal weist ja auf eine alte Bergbauvergangenheit hin, die Knappenleiten unterhalb des Spitzbrettköpfls zeugt heute noch davon, dass hier in ver-

Biker – im Hintergund das Große Wiesbachhorn

gangener Zeit nach Gold geschürft wurde. Heute befindet sich als Errungenschaft des technischen Zeitalters ein zwar kleiner, doch unschöner Staudamm in der Talmitte, mit welchem Wasser zur Erzeugung des „weißen Goldes" gefasst und durch einen Stollen dem Stausee Wasserfallboden zugeführt wird. Von der Alm geht es weiter nach rechts an den letzten Büschen vorbei in die Wiesenregion, die von vielen Gräben durchzogen, einen abwechslungsreichen Anstieg zur Hütte hinauf bietet, die man ja schon von weitem sieht. – Auf das **Imbachhorn,** 2470 m, 1½ Std.: Rechts hinter der Gleiwitzer Hütte führt der Weg zuerst in einen Graben und weiter zu einem Felsgrat. Über viele Serpentinen steigt man steil bis zur oberen Kante an und erreicht über einen bis in den Sommer mit Schnee bedeckten Quergang die Brandlscharte, 2371 m. Tief unter uns leuchtet aus dem Schuttkar der Brandlsee in seiner blaugrünen Färbung herauf. Über einen breiten Grasrücken, der an der Ostseite lange Reste von Schneewächten aufweist, gelangt man zum letzten Aufschwung, über den man mühelos zum Gipfelkreuz (mit Gipfelbuch) aufsteigt. An der Nordseite des Gipfels ist Vorsicht geboten, denn die Blockwand fällt einige hundert Meter steil ins Steinkar ab. Als Abstieg kann man auch den Weg über die Bäckenanderlalm nach Judendorf wählen, der durch einsame, blumenreiche Almen und zuletzt steil durch einen Strauchgürtel zum Weiler Judendorf hinunterführt. – Auf den **Rettenzink**, 2510 m, einen weiteren Hausberg der Gleiwitzer Hütte. Von der Gleiwitzer Hütte in einer Stunde auf die Brandlscharte, 2371 m, und in ¼ Stunde auf den Gipfel mit dem Gipfelkreuz. Der Steig ist an den exponierten Stellen mit Drahtseilen und Stiften gesichert. Abstieg wie Aufstieg. Herrlicher Rundblick! Im südlichen Gipfelbereich wachsen viele Blumen. – Auf den **Hohen Tenn,** 3368 m, 5 Std.: Um es vorwegzunehmen: Dieser Berg ist aufgrund seines langen Anstiegsweges nur bei sichersten Verhältnissen zu besteigen. Nur alpin Erfahrene sollten sich an diesen Berg heranwagen. Von der Gleiwitzer Hütte aus kommt man über die flachen Wiesen mit ihrem Strauchbewuchs am Morgen rasch vorwärts und erreicht über ein Geröllfeld in circa einer guten Stunde die Untere Jägerscharte (Seilsicherung!). Hier beginnt eine weitere Seilsicherung, die über das Spitzbrettköpfl führt. Wer hier Schwierigkeiten hat, sollte besser gleich umkehren, ehe er über die schmale Steiganlage, die sich am steil abfallenden Hang dahinzieht, weiterwandert. Bei Schnee ist diese Querung besonders tückisch. Nach zwei Stunden von der Hütte gelangt man zur Oberen Jägerscharte, 2752 m, wo man den atemberaubenden Tiefblick ins Kapruntal und aufs Kitzsteinhorn unbedingt genießen muss. Auf dem breiten, teils sandigen Rücken steigt man rasch höher, kommt über grünes Gestein und betritt dann den Kempsenkogel, 3090 m (1½ Stunden ab der Oberen Jägerscharte), von wo der Gleiwitzer Höhenweg zum Stausee Mooserboden hinunterführt. Der Bauernbrachkogel wird auf der Seite des Mooserbodens umgangen und nach wenigen Minuten steht man am Hirzbachtörl, von wo man zur kleinen Hirzbachalm hinunterblickt. Nach diesem kurzen Anstieg steht man vor dem Kleinen Tenn, 3158 m, über den wir mittels Seilen und Eisenstiften hinwegturnen. Aus dem Felsgrat wird nun ein Firngrat und die Steigeisen leisten je nach Verhältnissen gute Dienste. Der weitere Weg über die Schneespitze zum eigentlichen Gipfel, der Bergspitze (auch Bergtenn genannt), ist nach den bisherigen Schwierigkeiten unproblematisch und genussreich. Für besonders gute Bergsteiger und Hochalpinisten stellt die Überschreitung zum Kleinen Wiesbachhorn, 3283 m (3 Std., III) und weiter zum Großen Wiesbachhorn, 3564 m (3 Std., III), eine ungemein schöne, lange hochalpine Klettertour dar. Der Abstieg vom Hohen Tenn folgt dem Anstiegsweg zurück zur Gleiwitzer Hütte und über die Hirzbachalm nach Fusch.

Bergtouren von Ferleiten

Von der Mautstelle zur **Schwarzenberghütte**, 2267 m, 3 Std. Zuerst führt uns der Weg etwa zwei Kilometer entlang der Nebenstraße ins Ferleitental. Dort verlässt man die Straße und wendet sich der Vögerlalm, 1270 m, zu. Leicht ansteigend queren wir zwei Bäche und gelangen zum Königstuhl, 1417 m, wo der lange, steile, in Serpentinen angelegte Weg seinen Anfang nimmt. Etwa in der Weghälfte erfreut uns eine frische Quelle, wo man gern eine kurze Rast einlegt. Über die Käferleiten und über schrofiges Gelände biegt der Steig nach links um und wir stehen vor der im Jahr 1986 wiederaufgebauten Schwarzenberghütte (vormals Mainzer Hütte) unweit des Hochgruberkees. Hochalpine Touren führen auf den Vorderen Bratschenkopf, 3401 m, oder vom Remsköpfl auf die Hohe Dock, 3348 m. Ein heute noch in umgekehrter Richtung ausgeführter Übergang führt in drei Stunden von der Hütte über das Remsschartl und den Hohen Gang (ein Quergang über eine breite Felsterrasse) zur Bockkarscharte, 3039 m, und weiter zur Oberwalderhütte, 2972 m. Die Begehung des Hochgruberkees oder des Bratschenkopfes ist je nach Verhältnissen schwierig (III) und einer Eistour gleichzusetzen. Die Schutzhütte wurde nach dem Kardinal Friedrich Prinz zu Schwarzenberg (1810 – 1885) benannt, der sich als einer der Erstbesteiger des Hohen Tenns und Wiesbachhorns (Erstersteigung am 13. 9. 1841) in Alpinistenkreisen einen Namen machte. – Von Ferleiten zur **Trauneralm,** 1522 m, 1½ Std. und weiter zur **Kaiser-Franz-Josef-Höhe**, insgesamt ca. 6 Std.: Nach einer Talwanderung von etwa 3 Kilometern biegt man nach links auf eine Seitenstraße ab und überquert die Fuscher Ache. Über einige Kehren führt der breite Weg hinauf zur Trauneralm. Hierher gelangt man auch von der Großglockner-Hochalpenstraße im Abstieg durch die Lärchach (½ Std.). Von der Trauneralm führt ein früher häufig begangener Steig über den Unteren und Oberen Pfandlboden auf der linken Seite des Pfandlbaches hinauf zum Späherbründl, 2295 m. Der weitere Wegverlauf folgt dem vorgezeichneten Graben zur Unteren Pfandlscharte, 2663 m. Gedenkkreuz an Wallfahrer. Am Klagenfurter Jubiläumsweg gelangt man über die Trögeralm, zuletzt steil absteigend, zum Glocknerhaus, 2132 m. Von der Pfandlscharte kann man aber auch am nordwestlichen Rand entlang zu einem kleinen Gletschersee wandern. Um eine Felsbarriere herum erreicht man das nördliche Ende des Nassfeld Stausees, an dessen rechtem Ufer der Steig bis zur letzten Kehre vor der Kaiser-Franz-Josef-Höhe führt. – Vom Fuscher-Törl-Haus auf den **Kloben,** 2938 m: Vom Fuscher Törl, 2445 m, führt der Zeller Steig ein kurzes Stück am Auslauf des Brennkogel-Nordgrates entlang, ehe er nach einer Querung in das Brennkogelkees einmündet. Von Nordosten erreicht man den Gipfel des Kloben nach etwa 2½-stündigem Anstieg. Der Kloben gilt im Frühsommer als eine der elegantesten Skiabfahrten der Glocknergruppe, denn die Abfahrt ins Ferleitental ist meist bis in den Juni gegeben (1600 Höhenmeter!).

Fusch bietet derzeit 4 Mountainbike-Strecken:

- von Ferleiten zur Trauneralm
- von Bad Fusch zur Embach-Hochalm
- ins Sulzbachtal zur Angereralm
- zur Judendorfalm und weiter zur Schnabler Alm

HEILIGENBLUT F 4

Gemeinde, Bezirk Spittal an der Drau, Einwohner: 1100, Höhe: 1288 m, Postleitzahl: 9844. **Auskunft:** Tourismusverband Heiligenblut. **Bahnstationen:** Lienz (42 km) und Mallnitz (58 km). Busverbindung in das Drautal und in den Sommermonaten über die Großglockner-Hochalpenstraße nach Bruck an der Großglocknerstraße. **Bergbahnen:** Gondelbahnen, Sessel- und Schlepplifte; Kaiser-Franz-Josef-Höhe mit Gletscher-Standseilbahn.

Dieses idyllische Bergdorf ist eines der schönsten in den Alpen. Es liegt am Südende der Großglockner-Hochalpenstraße, die über das Hochtor, 2576 m, in den Salzburger Pinzgau führt (Mautstraße, nur in den Sommermonaten befahrbar!). Von der Kaiser-Franz-Josef-Höhe aus bietet sich eine herrliche Aussicht auf das Glocknermassiv, mit dem Großglockner, 3798 m, dem höchsten Berg Österreichs und das Pasterzenkees, den größten Gletscher Österreichs. Die Glocknergruppe im Westen und die Goldberggruppe im Osten gehören zu den Hohen Tauern, die zum Nationalpark erklärt wurden; siehe Beschreibung. Am Hohen Sonnblick befindet sich seit dem Jahr 1886 ein Observatorium, die höchstgelegene Wetterstation Österreichs.
Heiligenblut, dessen Name auf eine Legende zurückgeht, entwickelte sich von einem Wallfahrtsdörfchen zu einem Bergsteigerdorf – am 25. August 1799 standen die ersten Bergsteiger am Gipfel des Großglockners – und im 20. Jahrhundert zu einem international anerkannten Höhenluftkur- und Tourismusort. Heiligenblut präsentiert sich nun als Kärntner Urlaubsort im Herzen des Nationalparks Hohe Tauern. Im Gemeindegebiet

Großglockner mit der Pasterze und dem Swarovski-Aussichtsturm

wird ein großartiges Wanderwegenetz von 230 km Länge angeboten, das zu Ausflügen, Spaziergängen, Hochtouren und Kletterpartien einlädt. Einsame Hochtäler, weite Alm- und Waldflächen bieten ein Wanderparadies für jedermann. Vor nicht allzu langer Zeit waren in Heiligenblut die Goldwäscher beheimatet. Diesem einstmals sehr einträglichen Beruf kann man heute nur noch als Abenteurer nachgehen. Goldwaschen unter sachkundiger Führung erfreut sich bei den Urlaubern größter Beliebtheit.

Sehenswert im Ort und in der Umgebung

Die **Pfarrkirche zum hl. Vinzenz** war im 13. Jh. eine beliebte Wallfahrtsstätte, da dort – der Legende nach – ein Fläschchen mit dem Hl. Blut Christi (davon leitet sich der Gemeindename ab) aufbewahrt wird. Im 14. und 15. Jh. wurde die Kirche im Stil der Gotik umgebaut. Sehenswert ist der spätgotische Flügelaltar aus der Pacher-Schule, mit Gemälden u. a. von Simon von Taisten. – Im **Friedhof** wird ein Buch aus Aluminium, in dem die Namen aller im Glocknergebiet tödlich verunglückten Bergsteiger aufscheinen, geführt. – Oberhalb des Ortes die **Burgruine Kirchheimeck**. – In **Apriach** das **Freilichtmuseum** der neun denkmalgeschützten **Stockmühlen** am Apriachbach, mit denen früher Getreide gemahlen wurde.

Legende von Heiligenblut

Unter Kaiser Basilicus diente ein vornehmer Däne namens Briccius in dessen Heer, um die ungläubigen Sarazenen zu bekämpfen. Sein tiefer christlicher Glaube hieß ihn nicht nur die wahre Religion mit dem Schwerte in der Hand zu schützen, wobei er durch seine Heldentaten die Aufmerksamkeit seines Feldobersten Andronikus Dukas erregte, sondern auch die Kaisertochter aus den Händen ruchloser Verführer erretten. Der Kaiser war ihm daher sehr gewogen. Eine hohe Stellung bei Hofe war ihm sicher. Aber der fromme Briccius erkannte, wie in Konstantinopel Lug und Trug herrschten und entschloss sich, in seine dänische Heimat zurückzukehren. Um nicht als undankbar zu gelten, berichtete er dem Kaiser, wie der deutsche König die christlichen Dänen aufgerufen habe, mit ihm gegen das Heidentum in ihrer Heimat zu kämpfen. Diesem Rufe müsse er folgen. Ungern sah Basilicus den verdienten Mann von seinem Hofe scheiden und stellte ihm frei, einen Wunsch zu tun. Da erbat sich der fromme Däne jenes Fläschchen aus der Sophienkirche, in dem einige Tropfen des Blutes des Erlösers aufbewahrt wurden. Nur der kaiserliche Befehl vermochte den Patriarchen von Konstantinopel zu bewegen, diesen kostbaren Schatz herauszugeben, und Briccius versenkte ihn in seinem Wadenmuskel, damit er ihm auf seiner weiten Reise nicht abhanden kommen könne. Schon war Briccius auf seine Fahrt bis ins oberste Mölltal gekommen, als ihn am Fuße des Großglockners ein Schneesturm verschüttete. Wie staunten die Bauern, als sie auf ihrem Weg zur Alm aus dem Schnee drei Getreideähren herauswachsen sahen. Sie gruben nach und fanden den Leichnam, den sie auf einen Wagen legten und abwärts führten. An der Stelle des heutigen Heiligenblut blieben die Zugochsen stehen und waren nicht mehr zum

Heiligenblut am Großglockner

Weitergehen zu bewegen. So begrub man den Fremden hier. Doch aus dem Grabe wuchs das Bein des Toten heraus, und als man näher zusah, fand man in der Wunde das Fläschchen mit dem heiligen Blute, dessen Herkunft der Patriarch von Konstantinopel bestätigte. So erbaute man über dem Grabe des Seligen eine Kirche, die den Namen „Heiligenblut" bekam.

Wanderungen und Bergtouren

Zur **Kräuterwand** und weiter zum Karl-Volkert-Haus, 2150 m, 3$^1/_2$ Std.: Die sehr schöne, nicht allzu schwierige Wanderung führt auf der alten Alpenvereinsstraße, die ehemals von Heiligenblut zum Glocknerhaus führte, am Hotel Lärchenhof vorbei bis zu einem Steinbruch. Bei der Rechtskehre der alten Trasse wandern wir weiter am Hang entlang, überqueren beim Höller den Guttalbach und gelangen auf dem Haritzersteig zur Kräuterwand. Entlang des Tauernhöhenwegs, der immer entlang der rechten Talseite verläuft, erreicht man schließlich über einige Kehren über die Böse Platte das Ziel. Bei feuchtem Wetter findet man entlang dieser Route oft dutzende Alpensalamander, die sich aus dem nassen Gras tolpatschig über den Steig bewegen. Vom Schutzhaus kann man weiter über Abkürzungswege zur Kaiser-Franz-Josef-Höhe aufsteigen (40 Min.). – Durch das **Kleinfleißtal** zum Gasthof **Alter Pocher,** 1809 m, 1 Std.: Die Großglockner-Hochalpenstraße verlässt man bei der Töpferstube östlich von Heiligenblut. Entlang eines breiten Güterweges wandert man bis Fleiß, von wo man einen Steig und die Hinweistafeln „Zum Alten Pocher" verfolgt, die durch Lärchenwälder und über Almböden zu dem ehemaligen Pochwerk aus der Goldgräberzeit weisen. Man kann auch mit dem eigenen Auto bis zu einem Parkplatz fahren, der 15 Minuten vom Gasthof entfernt ist! – Zum **Leiter-Wasserfall,** 1$^1/_2$ Std.: Wir folgen der alten Glocknerstraße und verlassen diese beim Steinbruch. An der Kräuterwand vorbei gelangen wir zur Bricciuskapelle, 1629 m, wo wir uns nach wenigen Metern nach links wenden und zur Möll absteigen. Nun stehen wir vor dem rauschenden Wasserfall. Über steile Serpentinen steigt der Weg zur Trogalm an, die man nach der Wegeinmündung nach etwa 200 Metern erreicht. Der Abstieg zurück nach Heiligenblut führt teils durch Wald. Über herrliche Almböden führt uns der Weg dann zuletzt steil hinunter und zur Brücke über den Gößnitzbach. An der Wolfgangkapelle vorbei wandern wir am rechten Möllufer zurück nach Heiligenblut. – Zum **Zirmsee** und **Hohen Sonnblick,** 3106 m, 5½ Std.: Eine stille und großartige Bergtour führt abseits des „Glocknerrummels" von der Fleiß-Kehre der Großglockner-Hochalpenstraße. Bequem schlängelt sich der Weg über Almwiesen zum Gasthof Alter Pocher, 1809 m (1 Std. Man kann auch mit dem eigenen Auto bis zu einem Parkplatz fahren, der 15 Minuten vom Gasthof entfernt ist!). Durch das Kleinfleißtal wandern wir bergan und erreichen bald die Waldgrenze. Nach links steigt der Weg bergan, immer begleitet von mit Alpenblumen bewachsenen Halden, bis man nach 2½ Stunden den idyllischen Zirmsee, 2529 m, erreicht. Etwas unterhalb findet man die verwahrlosten Zeugen der Goldgräberzeit: das Pochwerk und das Seebichlhaus. Wenn man entlang des Sees wandert, sollte man an die harten Arbeitsbedingungen denken, unter denen noch in der Mitte des 19. Jahrhunderts die Schiffer von der Seeleiten die Golderze zum Pochwerk führten und reger Betrieb die heute so stille Gegend kennzeichnete. Vom Südufer des Sees kommen wir über Geröll und Schuttfelder zum Hörndl, 2710 m, und erreichen, den Markierungsstangen folgend, nach ca. 2 Stunden das Zittelhaus. Über die linke Gletscherseite erblickt man schon von weitem das Observatorium sowie den schroffen Felsgrat, der ins Rauriser Tal abfällt. Als Abstiegsweg vom Hohen Sonnblick steht der im Frühsommer beliebte Winterweg zur Verfügung, jedoch ist bei Ausaperung der Anstiegsweg empfehlenswerter. – Zur **Glorer Hütte,** 2651 m, und zur **Salmhütte,** 2638 m, je 4½ Std.: Wir folgen der alten Glocknerstraße nach Winkl, wo wir bei der Kapelle nach links abbiegen und den Fahrweg betreten. Dieser führt bald in einigen Kehren steil bergan durch eine Felsbarriere auf die Wiesen der Brandalm. Bei einer scharfen Linkskurve zweigt der Zentralalpenweg 02B ab, dem wir durch das Leitertal folgen werden. Vorerst aber wandern wir durch Wald und Wiesen hinüber zur Trogalm. Um den Geländebuckel herum gelangen wir zur Brücke über den Leiterbach. Nach der Brücke beginnt linker Hand der Katzensteig, der gemütlich ansteigend durch das enge V-Tal zur Ochsnerhütte führt. Nachdem wir mehrere Rinnsale passiert haben, zweigt ein Steig zur Kalseralm ab, wenige Meter später kommen wir zur Abzweigung zur Glorer Hütte, folgen noch ein Stück dem Leiterbach, überschreiten diesen und erklimmen den Hang hinauf zur Glatzeben. Rechts vom Hohen Bichl zieht eine schmale Schneide vom Bairischen Törl herunter, der wir uns zuwenden und gelangen über diese zur Hütte am Berger Törl. – Wenn man bei der Weggabelung zur Salmhütte ansteigt, folgt man jenem Anstiegsweg, der diagonal den Hang quert und auf den Unteren Leikaufbichl führt. Imposant ragt das Schuttkar des Schwertecks über uns auf, mit dem Eiskeller, ehe wir beim Oberen Leikaufbichl nach links zur Salmhütte ansteigen. – Zur **Elberfelder Hütte,** 2348 m, 5 Std.: Der Weg führt – an der Wolfgangkapelle vorbei – auf die Bruchetalm und weiter ins Gößnitztal. An der Wirtsbaueralm, 1730 m, und der Ochsnerhütte vorbei kommt man zur Hütte. – **Rundwanderung vom Schareck,** 2606 m, durch das Großfleißtal nach Heiligenblut, 4 Std.: Von Heiligenblut nehmen wir gern die Aufstiegshilfe auf das Schareck in Anspruch und beginnen nach der aussichtsreichen Lift-Bergfahrt am Schareck unsere Talwanderung. Dem Südkamm folgend steigen wir an der Bergstation des Schleppliftes vorbei ab. Etwa 30 Minuten dauert der Abstieg, bis wir auf den Weg treffen, der über den Rücken nach Nordwesten abzweigt. Nach einigen Kehren führt der Wanderweg unterhalb einer Felswand vorbei hinunter zur orographisch rechten Bachseite. An geeigneter Stelle überqueren wir den Bach und betreten den guten Wanderweg im Großfleißtal. Beim Pfeiffer wandern wir vorbei und legen die letzten hundert Meter auf der Straße zurück, die nach einer Rechtskurve bei der Fleißkehre in die Großglockner-

Hochalpenstraße einmündet. Entlang dieser kehren wir nach Heiligenblut zurück. – Von **Schareck zum Hochtor,** 2576 m, und hinunter nach Heiligenblut, 4 Std.: Von der Bergstation des Schareck, 2606 m, führt ein prächtiger Höhenweg ohne Höhendifferenz hinüber zum Scheitelpunkt der Großglockner-Hochalpenstraße. Nur das erste Stück des Weges führt auf der Gratschneide, dann weicht der Steig auf die linke Seite aus und quert die Flanke „In den Wänden", ehe im kurzen Gegenanstieg das Rossköpfl, 2590 m, bezwungen wird. Mit dem Tauernkopf, 2628 m, erreichen wir den höchsten Punkt der Wanderung. Beim Hochtortunnel betreten wir die Straße, die wir, bis auf einige Abkürzungen, bis zum Fallbichl verfolgen wollen. Bei der Talstation des Sessellifts aufs Schareck führt an der linken Talseite entlang der Weg hinunter zur Kasereckkapelle. Über die Tauernbergalm erreichen wir den Ausgangsort wieder. – Zur **Oberwalderhütte,** 2972 m, 2½ Std.: Unser Ausgangspunkt, die Kaiser-Franz-Josef-Höhe, wird von Heiligenblut mit dem Autobus oder dem eigenen Auto erreicht. Oberhalb der Pasterze führt der Gamsgrubenweg zur Hofmannshütte, 2444 m, derzeit wegen Neubau gesperrt (1 Std.) – Markierungen genau beachten! – und weiter zur Gletscherzunge im Wasserfallwinkel. Den Blick zurück auf die imposanten Wände des Großglockners sollte man nicht vergessen. Vom Felssporn des Hohen Burgstall grüßt die Fahne der Oberwalderhütte herüber, und nach der kurzen gefahrlosen Gletscherüberquerung erreichen wir die zentrale Hütte der Glocknergruppe. – Gipfel im Bereich der Oberwalderhütte: **Fuscher-Kar-Kopf,** 3331 m, 2½ Std.: In einer guten halben Stunde erreicht man die Fuscher-Kar-Scharte, 2841 m. Von dort führt über die schiefrigen Felsen, die teils zu feinem Sand zermahlen sind, der Anstieg zum Gipfel über dessen Nordwestgrat. Über breite Platten erreicht man den aussichtsreichen Gipfel. Im Gipfelbereich ist der Weg ziemlich ausgesetzt, da schmal und auf beiden Seiten steil und tief abfallend. Die, je nach Verhältnissen manchmal eine Firn- oder Eistour (starke Abschmelzungen!) durch die Nordwand ist eine beliebte Eistour in der Glocknergruppe. – **Breitkopf,** 3154 m, 1¼ Std.: Von der Fuscher-Kar-Scharte, 2841 m, steigt man problemlos über Blockwerk weglos auf den breiten Gipfel an, einem leichten aussichtsreichen Dreitausender. – **Hohe Dock,** 3348 m, 3½ Std.: Von der Oberwalderhütte wandert man nach Nordosten zur Bockkarscharte, 3039 m, und hält sich nun genau nach Norden zur Keilscharte, 3187 m. Von dort muss man über gestuftes Schrofengelände zu einer Scharte am Fuß des Westgrates des Großen Bärenkopfes überwechseln. Nun geht es in herrlichem Aufstieg unschwierig entlang des Grates zuerst auf den Westgipfel und über Wächten (Vorsicht!) auf den Hauptgipfel. Doch als Genussstück folgt nun der Abstieg über den Ostgrat zur Dockscharte, 3237 m (½ Std.). Eine weitere halbe Stunde benötigen wir für den Aufstieg von der Scharte auf den Gipfel. Die Spuren einer ehemaligen Sicherungsanlage findet man noch vereinzelt am Grat. Vom Gipfel kann man auf demselben Weg in die Dockscharte zurückkehren und über eine steile Firnrinne zum Nördlichen Bockkarkees abfahren. Der Abstiegsweg über den Ostgrat zum Remsschartl ist ziemlich verfallen und führt durch Bratschenhänge. Vom Remsschartl kann der Weg über den Hohen Gang als Rückweg zur Oberwalderhütte angetreten werden. – **Hohe Riffl,** 3338 m, 4½ Std.: Von der Oberwalderhütte folgt man dem sanft ansteigenden Georg-Hessler-Weg und biegt unter dem Riffltor, 3100 m, zur Oberen Ödenwinkelscharte, 3228 m, ab. Von dort erreicht man in einer halben Stunde über den schönen Firnkamm die Gipfelpyramide. Das **Schattseitköpfl,** 3172 m, ist eine unbedeutende Erhebung zwischen dem Rifflwinkel und Karlingerkees, die in wenigen Minuten vom Riffltor bestiegen werden kann. – Wendet man sich von der Oberen Ödenwinkelscharte nach Süden, so kann man über den leichtesten Anstieg in ¾ Std. den Firndom des **Johannisberges,** 3453 m, besteigen. – **Eiskögele,** 3426 m, und **Schneewin-**

kelkogel, 3476 m, 4 – 5 Std.: Von der Oberwalderhütte quert man im großen Bogen den Obersten Pasterzenboden und schwenkt dann in den Schneewinkel ein. Vom Weg zur Unteren Ödenwinkelscharte, 3262 m, biegt man zum Nordostgrat (Felskletterei) des Eiskögeles ab. Nachdem man die Randkluft überwunden hat, wendet man sich den Felsen zu, erklimmt hier ein Stück, ehe man nach links auf den Firngrat überwechseln kann. An diesem steigt man zügig bis zum Gipfel höher. – **Romariswandköpfe,** 3511 m, 5 Std.: Von der Oberwalderhütte wandert man über den Obersten Pasterzenboden hinauf zur Schneewinkelscharte, 3412 m. Hier beginnt der Fels und Firngrat, der sehr elegant und besonders im letzten Teil steil zum Vorgipfel hinaufführt. Nach einem kurzen Abstieg über Fels gelangt man links haltend zum Gipfel (1 Std. von der Scharte). – Obwohl hauptsächlich von der Stüdlhütte bestiegen, ist im Zusammenhang mit der Gipfelfahrt über den Schneewinkelkogel, 3476 m, und dem Romariswandkopf, 3511 m, die Besteigung des Firnrückens des **Teufelskamps**, 3511 m, gegeben. Vom Romariswandkopf steigt man in 1/2 Std. zur Romariswandscharte, 3428 m, ab, wobei man den Südostgrat (Firnschneide) benützt. In 20 Minuten kann man von der Scharte den flachen Gipfel ersteigen. – **Großglockner**, 3798 m: Über die Hofmannshütte (derzeit wegen Neubau gesperrt), 2444 m, am Hofmannsweg zur Erzherzog-Johann-Hütte, 3451 m, auf der Adlersruhe, 6 Std. (siehe unter Kals am Großglockner).

Golden Trail Touren mit dem Mountain Bike:
Erlebnis – Abenteuer – Bildung – auf den Spuren der Goldgräber!
Vor etwa 4000 Jahren wurde man schon auf das Tauerngold aufmerksam. Diese Erkenntnis errang man durch Bodenfunde in den Hohen Tauern – speziell in der Goldberggruppe. Man weiß, dass die Kelten das Tauerngold abgebaut haben, später drangen die Römer in die Seitentäler vor – das Tauerngold war in der Antike sehr bekannt und beliebt. Im Mittelalter wurden bis zu vier Tonnen Gold pro Jahr gewonnen. An die 600 km Stollen wurden in den gesamten Hohen Tauern angelegt. Jedoch wurden die Vorkommnisse ausgebeutet und durch den Anstieg der Gletscher, durch soziale Unruhen und letztlich durch die Entdeckung Amerikas und den daraus resultierenden Verfall des Goldpreises kam es zum Stillstand des Bergbaus. Die Erschließung der hochgelegenen Seitentäler durch Wege ermöglicht es nun, die alten Spuren der Goldgräber wieder zu finden. Daraus entstand ein Angebot für sportliche Mountain-Biker, welches den sportlichen Ehrgeiz mit dem Reiz des Abenteuers und dem Kennenlernen der historischen Begebenheiten verbindet. 15 Ziele, mit einer Länge von insgesamt ca. 100 km Wegstrecke, können angefahren werden. Dort findet der interessierte Radler jeweils die entsprechende Dokumentation, die er auch in einem Info-Set in ausführlicher Form vorfindet. Sowohl die Stollentechnik wird erklärt als auch alte und schaurige Sagen wiedergegeben. Wenn all diese Ziele erreicht wurden, erhält der Sportler eine schöne Erinnerung in Form einer Goldmedaille und einer Urkunde. Zu empfehlen sind die **7 Golden Trail Touren** mit dem Mountain Bike. Tour 1: Alte Glocknerstraße, Tour 2: Zirknitztal, Tour 3: Glocknerblick, Tour 4: Astental, Tour 5: Radweg Winklern, Tour 6: Marterle, Tour 7: Stall – Stieflberg – Steinwand.

Geübten und Bergerfahrenen wird der **Alpinsteig Tauerngold** empfohlen. Er beginnt am Fuße des Großglockners, überschreitet den Tauernhauptkamm bis zum Hohen Sonnblick, 3106 m, führt in südlicher Richtung durch die Goldberggruppe bis Stall im Mölltal. Die 70 km lange Tour ist in fünf Tagesetappen zu machen und führt an 4 Schutzhütten vorbei. Die großen Höhenunterschiede und Distanzen erfordern unbedingt Bergerfahrung. Die Route ist markiert.

KALS AM GROSSGLOCKNER C 4

Gemeinde, Bezirk Lienz, Einwohner: 1300, Höhe: 1324 m, Postleitzahl: 9981. **Auskunft:** Tourismusverband Kals am Großglockner. **Bahnstation:** Lienz (32 km). Busverbindung nach Lienz. **Bergbahn:** Kalser Bergbahnen (Sessel- und Schlepplifte).

Zwischen dem Felbertauern und Lienz zweigt bei Huben die Straße in das wildromantische Kalser Tal ab und führt in Serpentinen nach Peischlach, dem ersten Ortsteil, und kurz darauf zum mächtigen Schleier-Wasserfall, und dann nach Kals, dem Dorf am Fuß des Großglockners, mit 3798 m der höchste Berg Österreichs. Zur Gemeinde gehören neben dem bereits erwähnten Peischlach, das sich aus Unter- und Oberpeischlach zusammensetzt, Staniska, Arnig, Unter- und Oberlesach, Lana, Pradell, Ködnitz, Glor, Berg, Großdorf, Burg und Taurer. Von Kals/Burg führt die Kalser Glocknerstraße in das Ködnitztal bis zum Lucknerhaus, 1946 m.
Das Kalser Tal dürfte im 5. nachchristlichen Jahrhundert besiedelt worden sein. Von St. Rupertus, dem ersten Bischof von Salzburg, nimmt man an, er habe Kals um 700 besucht, um das keimende Christentum zu festigen. Älteste Urkunden verweisen auf „Chalz" im Jahre 1252 und 1331.

Blick vom Endpunkt der Kalser Glocknerstraße im Ködnitztal zum Großglockner, 3798 m

Sehenswert im Ort und in der Umgebung
In **Ködnitz** ist die spätgotische **Pfarrkirche** dem **hl. Rupertus**, dem Salzburger Bistumspatron, geweiht. Das Deckengemälde stammt von Wolfram Köberl aus dem Jahr 1960 und zeigt das Leben des Kirchenpatrons. Kunsthistorisch interessant sind die gotischen Fresken in der Sebastianskapelle. – Bei der Kirche der **„Glocknerfriedhof"** mit schmiedeeisernen Grabkreuzen und einer Kupfertafel, auf der die Namen der am Großglockner verunglückten Bergsteiger eingraviert sind. – Die romanische **Kirche St. Georg** zwischen Ködnitz und Großdorf wurde 1366 geweiht. Der Kirchenpatron wird in einem Holzrelief verehrt, das in origineller Art vor einer weiten Landschaft den Drachenkampf schildert. Die Kirche befindet sich alleinstehend auf den „Dorferfeldern". Sie ist die älteste

Kirche des Tales und hatte früher auch die Funktion einer Wehrkirche. – In **Großdorf** wurde die **Pfarrkirche St. Petronilla** 1676 erbaut. – Der **Bildstock** zu den Evangelisten steht an der Straße von Ködnitz nach Großdorf. Er stammt aus dem frühen 17. Jh. und soll der Überlieferung nach eine Dankesgabe der Kalser gewesen sein, da das Dorf von der Pest verschont blieb. – Die **Felsenkapelle.** – Das **Heimatmuseum** wurde 1972 in der alten Volksschule in Ködnitz eingerichtet. Eine Vielzahl alter bäuerlicher Handwerksgegenstände, Trachten, alte Funde, die alte Kirchturmuhr, Mineralien, etc. können besichtigt werden. – Entlang des Kalser Baches wurden die aus dem 12. Jh. stammenden **Stockmühlen** wieder instand gesetzt. – Das Naturdenkmal **Haslacher Schleierwasserfall**. – Die **alten Bergwerksstollen „Ganotz“** (unterhalb der Blauspitz) und **„Fallwindes“** (in Lesach), in denen im 15. und 17. Jh. Kupfer, Gold und Schwefeleisen abgebaut wurden, hat man wieder zugänglich gemacht und mit einer Beleuchtungsanlage ausgestattet. – Im **Ködnitztal** wurde 1992 Johanna Spyris **„Heidi“** verfilmt. – Im Jahr 2000 wurde das **Glocknerhaus in Kals** eingeweiht. Das moderne Gebäude zeigt eine Ausstellung in 6 Räumen, alle mit modernsten Präsentationstechniken ausgestattet. Zunächst erzählen Zeugen längst vergangener Zeiten von den ersten Menschen, die sich vor über 4000 Jahren in die entlegensten Täler der Ostalpen gewagt hatten. Eine Steinaxt, Tierknochen von prähistorischen Kultplätzen aber auch Silbermünzen aus der Römerzeit – all das verbunden mit informativen Texten und Videoprojektionen. In den anderen Räumen werden die phantastische Hochgebirgsnatur rund um Kals, der Mensch und sein Dasein in dieser rauhen aber schönen Welt und schließlich der Alpinismus präsentiert. Kalser Bergführer erlangten schon um die Mitte des 19. Jahrhunderts Weltruf. – **Veranstaltungen** wie Konzerte und Wiesenfeste, Heimatabende, Diavorträge, Lieder- und Volksmusikabende, Vorstellungen der Kalser Volksbühne, kulinarische Spezialitätenabende, Bergmessen und Prozessionen an kirchlichen Feiertagen, Gäste- und Kinderschirennen, Fackel-Nachtlangläufe und Abendschilauf im Winter, sind immer einen Besuch wert. – Der **Großglockner** ist mit 3798 m der höchste Berg Österreichs. Idealster Ausgangspunkt für die Gipfelbesteigung über eine der unterschiedlich schwierigen Aufstiegsrouten ist der Endpunkt der Kalser Glocknerstraße (siehe dort) im Ködnitztal beim Lucknerhaus auf 1946 m.

Im Jahr 2000 wurde das **Jubiläum „200 Jahre Erstbesteigung des Großglockners“** von den drei Bundesländern Tirol, Kärnten und Salzburg gemeinsam gefeiert. Der Großglockner ist mit seinen 3798 m der höchste Berg Österreichs. Der Pfarrer Horasch aus Großkirchheim hat im Jahr 1800 bei der zweiten Expedition des Fürstbischofs Graf Salm mit den Gebrüdern Klotz als erster den Gipfel des Großglockners erreicht. Ausgangspunkt für dieses Unternehmen war Heiligenblut. Die Erstbesteigung von Kals aus erfolgte im Jahre 1855 durch die Lienzer Josef Mair und Egid Pegger in Begleitung der Kalser Bergführer Georg Ranggetiner und Johann Huter. Der Aufstieg erfolgte über das Ködnitzkees, die Burgwartscharte, die Adlersruhe (wo man auf den Heiligenbluter Weg stieß) und in der Folge über den Kleinglockner auf den Großglockner. Die Erstbesteigung des Stüdlgrates (direkte Route von der Fanotscharte über den Südwestgrat auf die Spitze des Großglockners) erfolgte am 10. September 1864 durch die Kalser Bergführer Peter Groder und Josef Kerer. Nach 1855 nahm sich Johann Stüdl des Kalser Bergführerwesens an, indem er für jeden der damals zehn bereits erprobten Kalser Bergführer ein Führerbuch drucken ließ, eine Führerordnung herausgab, und den ersten Bergführerverein in den Ostalpen gründete. Im September 1868 wurde die Stüdlhütte eingeweiht und 1879 wurde mit dem Bau der höchstgelegenen Schutzhütte Österreichs, der Erzherzog-

Johann-Hütte, 3451 m, begonnen, welche im August 1880 eingeweiht wurde. Zeitpunkt und Motiv für die Namensgebung des höchsten Berges Österreichs sind unbekannt. Erstmals kartographisch festgehalten wurde der „Glockner" in der Tirol-Karte von Wolfgang Lazius im Jahr 1561. Die gängigste und wahrscheinlichste Erklärung für den Namen Großglockner leitet sich von seiner Glockenform ab. Das 2½ Meter hohe Gipfelkreuz, gewidmet vom Österreichischen Alpenclub wurde 1880, anlässlich des 25-jährigen Ehejubiläums von Kaiser Franz Josef und Kaiserin Elisabeth, von den Kalser Bergführern auf dem Großglockner errichtet. Im Jahr 1999 wurde das Gipfelkreuz wiederum von den Kalser Bergführern renoviert. Die Landesgrenzen zwischen Tirol und Kärnten verlaufen exakt über den Grat und den Gipfel des Großglockners, welcher somit der höchste Berg Tirols und Kärntens ist. Die Landesgrenze von Salzburg stößt erst westlich im Bereich des Eiskögele, 3426 m, dazu und berührt somit nicht unmittelbar den Großglockner. Der Großglockner liegt inmitten des Nationalparks Hohe Tauern und ist seit dem Jahr 1959 Eigentum des Österreichischen Alpenvereins. Seine Nordseite gehört zur Gemeinde Heiligenblut (Kärnten) und seine Südseite zur Gemeinde Kals am Großglockner (Tirol).

Das sonnige **Bergdorf Kals** wird von den bis über 3000 Meter hohen Gipfeln der Granatspitz-, Glockner- und Schobergruppe, inmitten des Nationalparks Hohe Tauern, umgeben. Kals am Großglockner ist am schnellsten erreichbar über Lienz (von Süden) oder durch den Felbertauern-Tunnel (Maut) und Matrei in Osttirol (von Norden). Die Vorzüge des Ortes lassen sich durch folgende werbewirksame Themen charakterisieren:

– **Bergsteigerzentrum:** Kals, 1324 m, liegt am Fuß des höchsten Berges Österreichs, des Großglockners, 3798 m. Die Kalser Glocknerstraße (siehe dort) führt den Bergsteiger zum Lucknerhaus, 1946 m. Berg- und Klettertouren mit staatlich geprüften Bergführern garantieren sichere, unvergeßliche Tage im Gebirge (Informationen im Tourismusbüro Kals). Die Großglockner Wander- und Bergsteigerabzeichen sind zusätzlicher Anreiz. Die Wanderausweise sind im Tourismusbüro Kals erhältlich.

– **Nationalpark Hohe Tauern:** Zahlreiche Schutzhütten und viele Kilometer Wanderwege erschließen den weitläufigen, teils hochalpinen Gebirgsraum (Siehe Beschreibung am Beginn!).

– **„Höhenluftkurort":** Sonnenreichtum, nach Süden offene Lage, geschützt vor rauen Nordwinden, Spazierwege in sauberer, schadstoffarmer Luft, für den Organismus anregendes Reizklima, Nebelfreiheit und klare, sprudelnde Gebirgsbäche steigern den Erholungswert in Kals.

– **Europa-Panoramaweg:** Er führt von der Bergstation der Kalser Bergbahnen, 2305 m, über das Kals-Matreier-Törl-Haus, 2207 m, zur Bergstation der Matreier Goldriedbahnen, 2146 m. Ein einzigartiges Urlaubserlebnis. Ausblick auf 60 Dreitausender! Die Bus-Rückfahrt erfolgt von Matrei.

– **Wintersportgebiet:** Sessel- und Schlepplifte, 25 km präparierte Pisten, geräumte Winterwanderwege, Eisschießbahn, Eislaufplatz, Rodelbahnen, 25 km gespurte Langlaufloipen und, vor allem, zahlreiche alpine Skihochtouren in der Glockner- und Schobergruppe, die Tiefschnee- oder Firnträume jedes Individualisten erfüllen, machen die Landschaft rund um Kals zum beliebten Anziehungspunkt.

Wander- und Skigebiet Kalser Bergbahnen

Die Talstation der Kalser Bergbahnen befindet sich in Kals/Großdorf in 1364 Meter Seehöhe. Mit dem Blauspitz-Sessellift erreichen Sie die Bergstation, das Restaurant Blau-

spitz, 2305 m. Dem Restaurant mit Sonnenterrasse ist Österreichs höchstgelegener Kinderspielplatz angeschlossen. Nahe der Bergstation der Öko-Alpin-Lehrweg (siehe dort).
Kals am Großglockner bietet etwa 250 km bestens markierte und beschilderte Spazier- und Wanderwege vom Talbereich (Dorfer-, Teischnitz-, Ködnitz- und Lesachtal) bis über 3000 m Seehöhe, dazu zahlreiche bewirtschaftete Schutzhütten (großteils mit Übernachtungsmöglichkeiten) in der Glockner-, Granatspitz- und Schobergruppe.
Im Winter stehen Abfahrten aller Schwierigkeitsgrade zur Auswahl:
- 4 km leichte Abfahrten (blaue Markierung)
- 10 km mittelschwere Abfahrten (rote Markierung)
- 11 km schwere Abfahrten (schwarze Markierung)

Auskünfte erteilen gerne die Kalser Bergbahnen: Telefon: 04876/8233, Fax 8233-10

Die Kalser Glocknerstraße

Im Juli 1980 wurde die gebührenpflichtige Hochgebirgsstraße von Kals/Burg durch das Ködnitztal zum Lucknerhaus, 1946 m, eröffnet. Die am Südhang des Figerhorns angelegte Straße ist ganzjährig für Pkw und Busse befahrbar (im Sommer gebührenpflichtig, im Winter gebührenfrei, Winterausrüstung unbedingt notwendig!). Sie überwindet einen Höhenunterschied von ca. 600 Metern bei einer Länge von ca. 7 Kilometern und hat eine durchschnittliche Breite von 5 Metern. Im Sommer verkehrt ein Postbus bis zum Ende der Straße. Beachten Sie bitte den Fahrplan! Der Parkplatz am Ende bietet einen eindrucksvollen Blick auf den Großglockner und ist idealer Ausgangspunkt für Bergtouren und Hüttenwanderungen:
- Glorer Hütte, 2651 m, 2 Std.
- Lucknerhütte, 2241 m, 1 Std.
- Stüdlhütte, 2802 m, 2 1/2 Std.
- Salmhütte, 2638 m, 3 Std.
- Wanderung auf den Greibichl, 2247 m, 1 1/2 Std.
- Über Lucknerhütte, Stüdlhütte und Erzherzog-Johann-Hütte kürzester Anstieg auf den Großglockner, 3798 m, 6 Std.
- Peischlachtörl, 2484 m, 2 Std.
- Kastenegg, 2821 m, 3 Std.
- Böses Weibl, 3119 m, 4 Std.
- Figerhorn, 2743 m, 2 1/2 Std.
- Medelspitze, 2669 m, 2 1/2 Std.

Auskünfte erteilt gerne die Mautstelle der Kalser Glocknerstraße: Telefon: 04876/8354

Klettergrate

Achtung: Beide angeführten Klettergrate sind nur für geübte Bergsteiger. Klettererfahrung ist unbedingt Voraussetzung!
- Der Blauspitz-Klettergrat, Kletterzeit 2 Std., Schwierigkeitsgrad III.
- Der Kendlspitz-Klettergrat (über den Südwestgrat) zweigt südlich der Sudetendeutschen Hütte zwischen Dürrenfeldscharte und Hohem Tor beim Zeigerkofelkopf vom Sudetendeutschen Höhenweg ab. Er wurde 1981 von der Kalser Jungbauernschaft angelegt (Schwierigkeitsgrad III). Kletterzeit 2½ Std. Der Normalanstieg auf den Vorderen Kendlkopf zweigt direkt nach der Dürrenfeldschrte über den Saazer-Weg in die Scharte zwischen Hinterer und Vorderer Kendlspitze, von dort das letzte Stück mit Seilsicherung zum Gipfel (2 Std. ab der Sudetendeutschen Hütte).

Ein **Klettergarten** befindet sich im Ködnitztal. 15 Minuten vom Parkplatz der Kalser Glocknerstraße in Richtung Lucknerhütte entfernt.

Der beeindruckende Schleier-Wasserfall am Staniskabach

Winterwanderwege

- Kals – Großdorf – Hotel Taurerwirt, 1480 m, 1 1/2 Std. (retour auf der Straße)
- Kals – Burg – Moaalm, 1778 m, 2 Std.
- Kals – Lesach – Lesacher-Riegel-Hütte, 2134 m (private Hütte; keine Verpflegung erhältlich!), 3 1/2 Std.
- Kals – Arnig, 1 1/2 Std.
- Kals – Arzl – Pradell – Kals, 1 1/2 Std.
- Kals – Lana – Jausenstation Tembler – Großdorf, 1 1/2 Std.
- Kals – Burg – Hotel Taurerwirt, 1480 m, 1 Std.
- Kals – Ködnitztal – Lucknerhaus, 1946 m, 2 Std.

Alpine Skitouren im Gebiet um Kals

- Bergstation der Kalser Bergbahnen, Restaurant Blauspitz, 2305 m – Kalser Höhe, 2434 m – Kals-Matreier-Törl-Haus, 2207 m, 1½ Std.
- Lucknerhaus, 1946 m – Adlersruhe/Erzherzog-Johann-Hütte, 3451 m, 6 Std.
- Lucknerhaus, 1946 m (500 m unterhalb Abzweigung) – Greiwiesen – Figerhorn, 2743 m, 2½ Std.
- Lucknerhaus, 1946 m – Kastenegg, 2821 m, 3 Std.
- Lucknerhaus, 1946 m – Tramerkamp, 2974 m, 3½ Std.
- Lucknerhaus, 1946 m – Böses Weibl, 3119 m, 4 Std.
- Lucknerhaus, 1946 m – Glorer Hütte, 2651 m, 2 Std.
- Hotel Taurerwirt, 1480 m – Teischnitztal – Zollspitze, 3024 m, 4 Std.
- Kalser Tauernhaus, 1754 m – Granatspitze, 3086 m, 4½ Std.
- Kalser Tauernhaus, 1754 m – Aderspitze, 2990 m, 4 Std.
- Kalser Tauernhaus, 1754 m – Luckenkogel, 3100 m, 4 Std.
- Lesachalm-Hütte, 1816 m – Hochschober, 3242 m, 5 Std.
- Kals, 1324 m – Lesacher-Riegel-Hütte, 2134 m (private Hütte; keine Verpflegung erhältlich!), 2½ Std.

Hochalpine Erfahrung, richtige Ausrüstung, Beachtung des Lawinenwarndienstes und Lawinensuchgerät sind bei Skitouren unerlässlich!

Ökolehrpfad/Naturerlebnispfad „Eulenweg" für Kinder und Eltern

Dieser führt von der Gratz-Brücke in Kals/Großdorf entlang des Mühlenweges am Kalser Bach, wo sich die alten, mit Wasser angetriebenen „Stockmühlen" (= Getreidemühlen) der Kalser Bauern befinden, in den Laworeswald bis ins Gschlöß. Der Weg von Station 1 bis 7 ist ungefähr 2,5 km lang und auch für kleine Kinder problemlos begehbar. Eine Informationsbroschüre mit Anleitungen zum besseren Erleben des Naturpfades ist im Tourismusbüro oder im Nationalparkbüro erhältlich.

Öko-Alpin-Lehrweg

Nahe der Bergstation der Kalser Bergbahnen auf 2300 m Höhe wurde dieser hochalpine Lehrweg errichtet. Auf 10 Schautafeln entlang eines 3,5 km langen Rundwanderweges werden beispielsweise folgende ökologische Schwerpunkte behandelt: Winterwind und Gletscherkind, Leben auf Eis und Schnee, Lebewesen auf Moränen und im Eiswasser, Blütenpflanzen als Höhenweltrekordler, Überlebenstricks von Hochgebirgstieren, etc.

Wanderungen und Bergtouren

Zum **Dorfer See,** 1935 m, 3 Std.: Beim Hotel Taurerwirt (Parkplatz, Busendstation) zweigt man links Richtung Daberklamm ab. Zunächst wandert man gemütlich am breiten Weg. Erst vor einem Tunnel verlässt man für kurze Zeit die Straße und weicht auf einen schmalen Steig aus, der herrliche Tiefblicke in die Klamm gewährt. Am Ende der Schlucht eröffnet sich der Blick in das breite Dorfer Tal. Nun wandern wir eben taleinwärts, bis wir nach 2 Stunden Gehzeit das Kalser Tauernhaus, 1754 m, erreicht haben.

Wildromantische Daberklamm am Eingang in das Kalser Dorfertal

Kurz nach der Hütte durchschreiten wir einen lichten Lärchenwald und kommen auf dem schmalen Steiglein zum See. – **Europa-Panoramaweg**: Wir benützen die Kalser Bergbahnen/Blauspitz Sessellift von Kals/Großdorf, um auf die Bergstation mit dem Blauspitz Bergrestaurant in 2305 m zu gelangen. Von dort führt der schön angelegte Weg zum Kals-Matreier-Törl-Haus, 2207 m. Bei einer herzhaften Brettljause genießen wir die Aussicht auf den Großglockner und die bizarren Gipfel der Schobergruppe sowie auf die eisbedeckten Gipfel der Venedigergruppe. Der Panoramaweg steigt ein kurzes Stück leicht an, dann senkt er sich gleichmäßig zur Bergstation der Goldriedbahnen, 2146 m, ab. Gehzeit: 2 Stunden. Mit den beiden Sesselliften fahren wir nach Matrei hinunter und per Bus nach Kals zurück. – **Bergstation der Kalser Bergbahnen/Bergrestaurant Blauspitz, 2305 m – Sudetendeutsche Hütte, 2656 m**, 3½ Std. (mittel): Mit dem Sessellift von Kals/Großdorf aus erreichen wir die Bergstation der Kalser Bergbahnen. Von dort aus am Aussig-Teplitzer-Weg zum Hohen Tor, 2477 m. Dann weiter auf der Westseite des Tschadinhörndls am Sudetendeutschen Höhenweg über die Dürrenfeldscharte, 2823 m, zur Hütte. Abstieg entweder am Aufstiegsweg oder am Weg Nummer 514 zum Kalser Tauernhaus, 1754, 3½ Std. Landschaftlich reizvolle Wanderung! – **Lucknerhaus, 1946 m – Stüdlhütte, 2802 m – Teischnitztal,** 6 Std.: Vom Lucknerhaus wandern wir über die Lucknerhütte, 2241 m, zur Stüdlhütte. Nach einer ausgiebigen Rast brechen wir zum Abstieg auf, der uns durch das Teischnitztal führt. Der schuttbedeckte Weg erfordert zunächst etwas Vorsicht. Mäßig steil durchmisst das braune Band des Weges die Hänge hoch über dem Teischnitzbach, wobei man zweimal eine etwas ausgesetzte Stelle „meistern" muss. Stets der Markierung folgend, gelangen wir in den Waldbereich, halten uns bei einer Weggabelung links und erreichen nach ca. ½ Std. die Straße zur Moaalm, 1778 m. Wir wandern noch einige Minuten zum Hotel Taurerwirt und nehmen dort den Linienbus zurück nach Kals. – **Lucknerhaus, 1946 m – Salmhütte, 2638 m – Glorer Hütte, 2651 m – Lucknerhaus**, 7½ Std.: Vom Lucknerhaus wandern wir auf dem breiten Fahrweg zur Talstation der Materialseilbahn. Dort steigt der Weg stark an und leitet direkt zur Lucknerhütte, 2241 m. Ein Steiglein durchmißt die kargen Almwiesen, überwindet in Kehren einen Talriegel und führt links um einen Rasenhügel zur Abzweigung „Pfortscharte". Der gute Steig zieht nun hoch über dem Ködnitztal unter den Abhängen der Langen Wand zur Pfortscharte, 2828 m. Zweimal helfen uns Seilversicherungen über schwierige Stellen. Der Anstieg zur Pfortscharte ist sehr steil und erfordert besonders bei Neuschnee erhöhte Vorsicht. Kurz steigt man auf der anderen Seite steil bergab, folgt dem Weg zum Leiterbach und erreicht nach kurzem Aufstieg die Salmhütte (4 Std.). Nach einer ausgiebigen Rast gehen wir genau auf der Grenze Kärnten/Osttirol talauswärts, bis uns eine Wegtafel den Aufstieg zur Glorer Hütte anzeigt. Vorerst wandern wir noch durch die Almwiesen, doch bald übersetzen wir den Bach auf einem Steg und steigen in Kehren höher. Das Gelände wird nun wieder flacher, ausgedehnte Almwiesen und Matten liegen vor uns. Wir durchschreiten diese auf dem leicht ansteigenden Weg, steigen einen Rasenhügel empor und stehen nach wenigen Minuten vor der Hütte. Der Abstieg durch das Bergertal entlang des Berger Baches bringt uns zum Ausgangspunkt zurück. – **Lesach – Lesach-Riegel-Hütte, 2134 m – Schönleitenspitze, 2809 m – Lesachalm-Hütte, 1828 m – Lesach**, 6 Std. (siehe Anschlussblatt, KOMPASS-Wanderkarte 48 „Lienz – Schobergruppe – Nationalpark Hohe Tauern"): Wir starten unsere Tour in Oberlesach. Entlang der Forststraße wandern wir aufwärts, passieren eine Schranke und zweigen einige Minuten später auf den Steig zur Lesach-Riegel-Hütte (private Hütte; keine Verpflegung erhältlich!) ab. Ziemlich steil führt der Weg durch den Wald und erst nach der Waldgrenze, wenn sich der Weg durch die flachen Almwiesen der Hütte entgegenwindet, haben wir Zeit, uns die Umgebung anzuschauen. Links der Hütte zieht nun das Steiglein wiederum steiler auf den Kamm (kleine Holzbank). Ohne Schwierigkeiten steigen wir den Hang empor und erst die letzten Meter zum Gipfel erfordern erhöhte Konzentration und Trittsicherheit. Der Abstieg zur Lesachalm-Hütte gestaltet sich bis auf zwei steilere Stücke zu Beginn und am Ende des Weges als nicht sehr schwer. Auf einer Forststraße spazieren wir in 1½ Std. talauswärts.

Unter den unzähligen Bergtouren vieler Schwierigkeitsgrade steht sicherlich der **Großglockner**, 3798 m, an erster Stelle, gefolgt von etlichen Dreitausendern. Diese Touren sind ausschließlich Geübten vorbehalten. Geprüfte Bergführer stehen auch zur Verfügung! Bei der Erzherzog-Johann-Hütte auf der Adlersruhe, 3451 m, treffen sich die beiden beliebtesten Anstiegswege: einerseits der Anstieg von der Hofmannshütte, 2444 m (derzeit wegen Neubau gesperrt!), über das Hofmannskees, andererseits der Pfad von der Kalser Seite herauf, von der Stüdlhütte, 2802 m. Wählt man den letzteren Weg, so

Kaiser-Franz-Josef-Höhe mit Großglockner, 3798 m

zweigt man am Beginn des Teischnitzkees vom Weg zum Stüdlgrat nach rechts ab und überklettert nördlich der Schere die Scharte hinüber zum Ködnitzkees. An dessen westlicher Seite steigt man etwa bis in die Höhe des Luisenkopfes, 3207 m, an, um über der Spaltenzone direkt auf die Adlersruhe zu den Gletschern zu queren. In 3300 m Höhe gelangen wir zum Mürztaler Steig, der von der Lucknerhütte über die Blauen Köpfe heraufzieht. Die letzten Meter führen am Kamm entlang über Blockwerk zur Hütte. Der Gipfelanstieg ist aufgrund des sehr hochgelegenen Ausgangspunktes in kurzer Zeit zu bewältigen. Pickel, Seil und Steigeisen sind für die Besteigung unerlässlich, für den weniger Geübten ist ein Führer dringend zu empfehlen. Über ein flaches Gletscherstück gelangt man zum 35 Grad steilen Glocknerleitl, wo es meist ein Warten gibt (daher auch der bezeichnende Name „Bahnhof"). Nach kurzem Direktanstieg gelangt man unter die Felsen, bis man vor der Schneekuppe unterhalb des Kleinglockners mittels Eisenstiften über eine Felsplatte zur rechten Begrenzung des Vorgipfels ansteigen kann. Gesichert führt nun der Steig zum Kleinglockner. Nun muss man 17 m zur Glocknerscharte absteigen und über den schmalen Grat (Firn bis Eis), notfalls seilgesichert, zum Hauptgipfel queren. Über die Serpentinfelsen geht's die letzten Meter gutgriffig zum Gipfelkreuz.

KAPRUN — E 1

Gemeinde, Bezirk Zell am See, Einwohner: 3000, Höhe: 786 – 3203 m, Postleitzahl: 5710. **Auskunft:** Kaprun Information/Tourismusverband. **Bahnstationenen:** Fürth-Kaprun (Pinzgauer Lokalbahn, 2 km) und Zell am See (Schnellzugstation, 8 km). Busverbindung nach Zell am See und zum Kesselfall-Alpenhaus (Kapruner Tal). **Bergbahnen:** Gletscherbahn Kaprun in zwei Sektionen auf das Kitzsteinhorn; Sessel- und Schlepplifte. Maiskogelseilbahn; Schrägaufzug Lärchwand.

Kurzer geschichtlicher Überblick: Der Name wird erstmals in einer Urkunde vom 9. Februar des Jahres 931 in seiner Urform „Chataprunnin in Pisoncia" erwähnt. Kaprun war in erster Linie ein Bergbauerndorf, wobei die Viehzucht im Vordergrund stand. Um das Jahr 1900 machte sich Kaprun als Bergführerdorf einen Namen. Die autorisierten Bergführer hatten ihre Standorte in Kaprun, Kesselfall, Wasserfallboden und Mooserboden. Mit dem Bau bzw. der Fertigstellung der Tauernkraftwerke (1955) erlebte Kaprun einen enormen Aufschwung. Die Stauanlagen der Kraftwerksgruppe Glockner-Kaprun gelten heute noch als Attraktion für Gäste aus aller Welt. Seit 1965 bringen die Gletscherbahnen Kaprun Skifans, Sonnenanbeter, Berg- und Wanderfreunde in die Hochgebirgswelt zum Kitzsteinhorn. Die Erschließung des ersten Gletscherskigebietes Österreichs bis auf 3203 m galt vor nun mehr als 40 Jahren als revolutionär und technische Meisterleistung. Der Ort Kaprun hat sich in der Zwischenkriegszeit zu einem Ganzjahressaisonort entwickelt und kann ca. 700.000 Nächtigungen pro Jahr aufweisen. Der Haupterwerbszweig der Kapruner Bevölkerung liegt neben dem Tourismus noch im kleinen und mittleren Handwerks- bzw. Gewerbebetrieb und in der Landwirtschaft.

„Das Kapruner Tal ist mit einem Ruck in die vorderste Reihe gehoben, es wird kaum jemand in die Alpen gehen, ohne dahin seinen Schritt zu lenken". Mit diesen Zeilen charakterisierte eine Wiener Zeitung Ende des 19. Jahrhunderts so treffend den Beginn des Tourismus in Kaprun. Der landschaftliche Reiz eines weiten, von mächtigen Dreitausendern des Nationalparks Hohe Tauern umgebenen Tales war schon immer Anziehungspunkt für Gäste aus vieler Herren Länder. Den Alpinisten Anfang des 20. Jahrhunderts folgten bald Besucher der weltberühmten Stauseen der Kraftwerksgruppe „Glockner-Kaprun" und mit der Erschließung des Kitzsteinhorns im Jahre 1965 war das touristische Angebot perfekt. Im Einklang mit der Natur und dem regionalen Brauchtum entwickelte sich Kaprun zu einer der feinsten Adressen im europäischen Tourismus. Gäste aus vielen Nationen schätzen das unglaubliche Angebot von mehr als 40 Sportarten, die hier ausgeübt werden können ebenso, wie den Komfort von 5.000 Gästebetten in allen Kategorien und die kulinarischen Genüsse der regionalen und internationalen Küche. Moderne Freizeiteinrichtungen aller Art, zahlreiche internationale Kultur- und Sportveranstaltungen wie die UCI Mountainbike-Weltmeisterschaften im Jahre 2002 unterstreichen die ganzjährige Attraktivität des Ortes Kaprun. Die intensive Kooperation mit der Bergstadt Zell am See perfektioniert das Angebot im Rahmen der Europa-Sportregion.

Kraftwerksgruppe Glockner-Kaprun:

Möllüberleitungsstollen: Der Speicher mit dem Stauziel von 2000 m und einem Nutzinhalt von 3,2 Millionen m³ erhält aus dem Zufluss Leiterbachstollen durch einen 1,8 km langen Stollen zusätzlich Wasser. Die Margaritzensperre selbst ist nur 38 m hoch und hat eine Dammkronenlänge von 170 m. Beim Bau wurden 33 000 m³ Beton verwendet. Nördlich der Margaritzensperre hält die Möllsperre mit ebenfalls 170 m Kronenlänge und 93 m Höhe die Wassermassen zurück. Von diesem Speicher führt der 11 547 m lange Stollen in etwa 1960 m Höhe ins Käfertal und unter der Klockerin hindurch zum Stausee Mooserboden. Die Käferbachleitung zapft die Bäche unterhalb des Fuscher Eiskars an und führt diese durch 630 m lange Stollen einem Sammelbecken zu, welches in den Möllstollen mündet.

Stausee Mooserboden: Die Möllüberleitung mündet bei der Drossensperre in den Stausee Mooserboden. Man unterscheidet westlich der Höhenburg die Moosersperre und östlich davon die Drossensperre. Die Moosersperre hat eine Kronenlänge von 494 m und die gewaltige Höhe von 107 m. Beim Bau wurden 6 665 000 m³ Beton verwendet. Die Drossensperre (112 m Höhe, 357 m Kronenlänge und 355 000 Betonkubatur) hält zusammen mit der Moosersperre bei einem höchstzulässigen Stauziel von 2036 m 86,6 Millionen m³ Wasser zurück.

Kraftwerksanlage **Kaprun Oberstufe Limbergsperre:** Der Stausee Wasserfallboden erreicht einen maximalen Speicherinhalt von 86 Millionen m³. Bei über 100 m Höhe hat die Limbergsperre eine Kronenlänge von 375 m. Beim Bau wurden 446 000 Kubikmeter Beton für die Staumauer verwendet. Von der Limbergsperre führt der Druckstollen Hauptstufe über 8,9 km zum Maiskogel, wo über 755 m der Druckstollen zum Kraftwerk Hauptstufe hinunterführt. Der kleine Klammspeicher am Eingang des Kapruner Tals dient

Kaprun mit dem vergletscherten Kitzsteinhorn

dem Eigenbedarf der Anlagen. Durch den Hirzbachstollen wurde ein weiterer Bach abgezapft, der dem Stausee Wasserfallboden zugeführt wird. Es ist verständlich, dass mit dem Bau dieser technisch großartigen Anlage auch die Errichtung mehrerer Verkehrsmittel Hand in Hand gehen musste. Die Werkstraße im Kapruner Tal ist für den Individualverkehr offen, unterhalb des Kesselfall-Alpenhauses befinden sich große Parkplätze. Entweder entlang der Straße oder über Weg- und Stufenanlagen kann man zum Kesselfall ansteigen (Endstation der Busverbindung). Von hier bringt einen die Buslinie der Kesselfall Alpenhaus AG zur Talstation des Schrägaufzuges Lärchwand. Die 1,6 km lange Straße überwindet bei maximal 12% Steigung einen Höhenunterschied von 177 m. Über Brücken und durch nasse Tunnels gelangt man zum Schrägaufzug Lärchwand. Dieser verbindet die Lärchwand mit der Mooserbodenstraße. Bei einer größten Steigung von 86% überwindet der Schrägaufzug 431 Höhenmeter, wobei 60 Tonnen Nutzlast befördert werden können. Nach knapp 20 Minuten steigt man am Beginn der Mooserbodenstraße aus. Wieder nimmt man den Bus in Anspruch und lässt sich über 6,8 km und 400 m Höhenunterschied zum Gasthaus Heidnische Kirche am Stausee Mooserboden hinaufführen.

1965 wurde am Kitzsteinhorn das erste **Gletscherskigebiet Österreichs** eröffnet. Die Seilbahnen und Lifte führen bis auf 3203 m und erschließen den höchsten Ski- und Aussichtsberg des Salzburger Landes. Das schneesichere Skigebiet am Kitzsteinhorn bietet weite Gletscherhänge und anspruchsvolle und variantenreiche Pisten im mittelalpinen Bereich Langwied sowie Funpark, Buckelpisten und eine gepflegte Berggastronomie. Von den schön gelegenen Aussichtsterrassen bei der Gipfelstation und Glocknerkanzel und weiteren Aussichtspunkten eröffnen sich traumhafte Ausblicke und Rundblicke inmitten der 3000-er Welt. Im Sommer ist das Alpincenter auf 2446 m der idea-

le Ausgangspunkt für Rundwanderungen für die ganze Familie und für alpine Touren und Übergänge in die benachbarten Tauerntäler. Das Alpincenter ist auch Treffpunkt und Servicestelle am Berg: mit einem bunten gastronomischen Angebot, dem InfoService-Counter und Intersport Kitzsteinhorn, einem Sport- und Serviceshop.
Aktuelle Infos: Gletscherbahnen Kaprun AG, Montag – Freitag 7.30 – 17.00 Uhr, Telefon: +43/(0)6547/8700, Fax 7614 • Information im Alpincenter, täglich 8.15 – 16.15 Uhr, Telefon: +43/(0)6547/8621, Fax 8621-345 • www.kitzsteinhorn.at

Sehenswert im Ort und in der Umgebung

Die **Pfarrkirche zur hl. Margarethe** wurde im 19. Jh. weitgehend umgestaltet. Sehenswert sind die Glasfenster im Chor, die hll. Margarethe, Katharina und Barbara darstellend (1898). – In der Werksiedlung der Tauernkraftwerke die **Barbara-Kapelle** aus dem Jahr 1953. – Westlich der Burg Kaprun die **Schlosskapelle zum hl. Jakob**, ein einfacher ursprünglich spätgotischer, dann barockisierter Bau. – Die **Burg Kaprun** ist die größte revitalisierte Burg im Pinzgau. Auf einem Felsrücken in dominierender Stellung erbaut, hat der Hauptstock eine Länge von 56 m und der Hof eine Breite von 25 m. Im Süden und Westen zieht sich eine Zwingmauer dem Schloss entlang und schließt in der Ostecke einen niederen Vorbau ein. Die Erbauung der Burg Kaprun wird auf das 12. Jahrhundert geschätzt, da der Ostturm romanische Kriterien aufweist (Biforium, Fugenstich, Eckbossen und Fischgrätenmuster). 1280 wird der „Turn ze Chaprunne" als Schadenersatz für die Übergriffe der Velber urkundlich genannt. Die Burg dürfte anfangs im Besitz der Grafen Falkenstein oder Peilstein gewesen sein. Seit dem 12. Jahrhundert eine Stätte von historischer, künstlerischer und kultureller Bedeutung, wird sie nun wieder vom Burg- und Kulturverein Kaprun der ihr zustehenden kulturellen Bestimmung zugeführt. Neben einer Vielzahl kultureller Veranstaltungen, ist das Burgfest einer der Höhepunkte im Sommerprogramm der Burg Kaprun. An zwei Tagen ist hier Mittelalter live angesagt. Fanfarenzüge, Ritterkämpfe, mittelalterliche Musikgruppen, Ritterschaften aus nah und fern, Hexen, Zauberer, Gaukler, Kinderprogramm u.v.m. machen diese Veranstaltung zu einem unvergesslichen Erlebnis für Gäste und Einheimische. – **Tauernkraftwerk – Stauseen Kaprun:** Die Stauseen sind eine der atemberaubendsten Kombinationen aus Natur und Technik. Nicht versäumen sollten Sie die Erlebniswelt „Strom & Eis" auf dem Mooserboden und eine Kraftwerksführung. Mitte Mai – Mitte Oktober geöffnet. Tel. +43/6547/20019-23201. – **Sigmund-Thun-Klamm:** In der Späteiszeit war das Kapruner Tal von einem mächtigen Gletscher bedeckt. Langsam talwärts fließend bearbeitete er die harten Felsen. Er hinterließ einen Taleinschnitt, durch den die Kapruner Ache talwärts strömte und so ihren Weg durch die Sigmund-Thun Klamm fand. Ende Mai – Ende September geöffnet. – **Heimatmuseum Kaprun:** Auf einer Fläche von 60 m² kann man durch Bergsteigerausrüstungen, Fotomaterial etc. einen interessanten Einblick in die Zeit, in der Kaprun nur ein Bergführerdorf war, gewinnen. Weiters Interessantes zum Brauchtum. Mai – Oktober geöffnet. Tel. +43/6547/8643. – **Nationalparkmuseum Hetzhäusl Kaprun:** In den Räumlichkeiten der Nationalparkverwaltung erhält der Besucher spezielle Informationen über den Nationalpark Hohe Tauern und den Alpintourismus. Mai – Oktober geöffnet. Tel. +43/6547/8643. – **Vötter's Fahrzeug-**

Burg Kaprun

museum Kaprun: Oldtimer Museum: Autos, Motorräder, Roller Mopeds und die alte Kitzsteinhorngondel – die Fahrzeuge des „kleinen Mannes". Ganzjährig geöffnet. Tel. +43/6547/7144-66.

Ausflugsziele

Gletscherbahnen Kaprun: Bergerlebnisse rund ums Jahr, das bietet Österreichs erstes Gletscherskigebiet, das Kitzsteinhorn in Kaprun. Seilbahnen und Lifte bis auf 3203 m bringen Bergfreunden die grandiose Berg- und Gipfelwelt der Hohen Tauern mühelos und bequem näher.

Wanderberg: Das Alpincenter auf 2446 m ist der ideale Ausgangspunkt für Wanderungen und Touren verschiedenster Schwierigkeitsgrade, wie z. B.

- Panoramaweg Gletscherblick
- Rundwanderung Gletschersee
- Rundwanderung Rettenwand

Auf diesen ausgewählten und gut markierten Rundwanderwegen erleben Sie die hochalpine Fauna und Flora hautnah. Elementare Kräfte und Energien sind auf Schritt und Tritt sichtbar und spürbar.

Kostenlose Wanderführungen im Juli und August: Gemeinsame und interessante Bergerlebnisse:

- Panorama-Gletscherwanderung (2 mal täglich)

Klettergebiet Rettenwand und Gletscherseeplatten mit mehr als 100 verschiedenen Routen – nur wenige Gehminuten vom Alpincenter entfernt!

Aussichtsberg: Über die welthöchste Seilbahnstütze geht es auf 3203 m. Vom Panoramarestaurant, den Aussichtsterrassen und der „Glocknerkanzl", eine Aussichtsterrassen, die durch einen 350 m langen Tunnel zu erreichen ist, eröffnen sich grandiose Rundblicke und Ausblicke auf die alpine Gipfelwelt und die majestätischen Dreitausender im Nationalpark Hohe Tauern.

Skiberg: Auf den weißen Gletscherhängen treffen sich auch in der wärmsten Zeit des Jahres begeisterte Skifahrer und Snowboarder und ziehen ihre Schwünge über die glitzernden Firnhänge.

Maiskogel: Sie erreichen mit der Maiskogel-Seilbahn (Ende Mai – Ende Oktober geöffnet) bequem das herrliche Wandergebiet am Maiskogel, 1743 m, mit seinen vielen wunderschönen Aussichtspunkten auf die Gletscherwelt der Hohen Tauern, auf das Zeller Becken, auf die Kitzbüheler Grasberge und die nördlichen Kalkvoralpen.

Wanderungen und Bergtouren

Für den Spaziergänger stehen mehrere Wege zum Plattengut zur Auswahl, zumal dieses wiesenreiche Gelände mit guten Ausblicken auf das Salzachtal keine starken Steigungen aufweist. Von Kaprun führt eine Fahrstraße über Aigen hinauf zur **Jausenstation Unteraigen** und weiter zum **Plattengut.** Von dort kann man weiter zum Zaglbrunn wandern und von dort am Waldrand entlang nach Oberaigen zurückkehren. Entlang der Straße erreicht man wieder den Ort, 1$^1/_2$ Std. – Der **Salzachauweg** führt vom Gasthof Auhof am rechten Achenufer hinüber zur Salzach und folgt ihrem Lauf bis zum Filzmoos, wo wir auf einem Fahrweg zum Gasthof Mitteregger zurückgelangen, 2 Std. – Zur **Burg Kaprun** und über die Jausenstation Guggenbichl zurück, 1$^1/_2$ Std. – Auf dem **Achen-Promenadenweg** zum Gasthof Wüstelau und zurück, 4 Std. – **Imbachsteig** zur Neumayralm unterhalb der Neumayrhöhe, 2$^1/_2$ Std. (Wanderung, keine Einkehrmöglichkeit!). – Bergtour über die Neumayralm auf das **Imbachhorn,** 2470 m, 4$^1/_2$ Std.: Von der Ortsmitte wandert man ein Stück entlang des Imbachs hinauf in Richtung Imbachgraben. Wir bleiben auf der rechten Seite des Baches und gehen bei der Abzweigung zur Jausenstation Guggenbichl geradeaus. Durch den bewaldeten Graben steigt der Weg stetig an und mündet oberhalb des Imbachwasserfalls in einen Steig ein, der von einer Forststraße herüberführt. Nun überschreiten wir den Bach und treten bald in freies Gelände heraus. Über üppige Wiesen erreichen wir nach zweieinhalb Stunden die Neumayer Almböden. Wir gelangen, nun schon über der Waldgrenze, zur Piffscharte, 1775 m. Auf dem Kamm, der vom Laubkopf herabzieht, windet sich der prächtige Weg höher und biegt unterhalb von Felswänden nach links ab, wo er nach der Bachüberquerung auf den Pfad von der Bäckenanderlalm stößt. Gemeinsam steigt man über die Bergwiesen hinauf zum Kamm und quert dann schräg unter dem Imbachhorn zur nördlichen Scharte, von der man über den letzten Aufschwung den Gipfel betritt.

Wanderungen am Maiskogel: Zur Unterbergalm, 1562 m, 20 Min. – Zum Glocknerblick, 1659 m, 15 Min. – Bergwanderung zur Krefelder Hütte, 2293 m, 3 Std. – Talwanderung vom Maiskogel über den Schaufelberg nach Kaprun, 2 Std.

Bergtouren, Übergänge und Gipfeltouren im Bereich vom **Stausee Mooserboden**: Vom Gasthaus Heidnische Kirche auf den **Sedlgrat,** Glocknerblick, 3/4 Std. – Zum **Wielingerkees,** Gletscherzunge oberhalb des Gleiwitzer Höhenweges, 1 Std. – Über Ebmatten zur **Ebmattenhütte-Fürthermoaralm,** 1805 m, Abstieg 2 Std. – Zur **Krefelder Hütte,** 2293 m, 5 Std.: Nur geübte Bergsteiger sollten diese Bergfahrt ausführen, die seit der Eröffnung der Bergbahn ohnehin seltener unternommen wird. Bis zur Ebmattenhütte-Fürthermoaralm folgt man dem leichten Wanderweg und begibt sich dann entlang der Seilsicherung zu den Flanken des Kitzsteinhorns, die grasdurchwachsen sind. Diese Hänge überwindet man auf zahlreichen Kehren am Hochschober, bis man dann zu einem Steinmann an der Hohen Kammerscharte, 2689 m, gelangt. Wieder führen Seilsicherungen zum Schmiedingerkees hinunter, das man an dessen unterem Ende in Richtung Zeferetkopf quert und zum Alpincenter gelangt. Der Abstieg in 1/2 Std. zur Krefelder Hütte ist leicht. – Bergtour über das **Kapruner Törl,** 2639 m, zum Berghotel **Rudolfshütte,** 2311 m, 6 Std.: Über die Mooserboden- und Drossensperre gelangen wir an das ostseitige Ufer des Stausees. Entlang des Ufers (bei Höchststand) führt der bequeme Steig, mehrere Rinnsale überschreitend, zur Abzweigung am Kärlingerkees, wo nach wenigen Metern das Ende des Stausees erreicht wird. Zwischen den Felswänden der Wintergasse wandert man aufwärts, bis man vom Kapruner Törl rechts haltend über das Gletschervorfeld des Unteren Rifflkees weiter steigen kann. Über die Hintere Ochsenflecke steigt man ab und gelangt zur Stiege, einer (leider) zunehmend verfallenden Steiganlage, die steil hinauf zur Rudolfshütte führt. – Über den **Gleiwitzer Höhenweg** (schwierig) zum Kempsenkogel, 3090 m, und zur Gleiwitzer Hütte, 2174 m, 6 Std. Abstieg nach Fusch, 2 Std.: Der Steig ist im unteren Teil eine Querung der unteren Bratschenhänge, an der Gletscherzunge des Wielingerkees vorbei, bis man nach der Kalten Pein endlich ansteigen darf. Nach der Querung des unteren Bauernkarl gelangt man auf eine Schulter und wandert über Bergwiesen im Zickzack höher. Nun geht's nach links ins Bratschengelände, Schiefergestein, das durch einen Wassergraben durchschnitten wurde. In diesem Graben ist uns der Weg bergan vorgezeichnet. Zum Kempsenkogel versteilt sich die Rinne und man muss manchmal die Hände zu Hilfe nehmen. Aus dieser Verschneidung, die teils mit Zügen aus Quarzit versehen ist, steigt man luftig auf den Kempsenkogel, den höchsten Punkt der Überschreitung. Nun geht's über sandigen Glimmerschiefer abwärts. Die Jägerscharte führt uns in die grasigen Hänge oberhalb des Spitzbrettköpfls. Drahtseilgesichert steigen wir in die Firnreste ab, über die wir am Gleiwitzer Höhenweg hinunterrutschen. Gemütlich klingt die Tour im Abendlicht bei der Gleiwitzer Hütte aus. Ob wir am nächsten Tag noch den Hüttenberg, das Imbachhorn, 2470

Stausee Mooserboden

m, 1½ Std., besteigen, richtet sich nach dem Wetter, der Abstieg über die Hirzbachalm wird im raschen Schritt uns in zwei Stunden nach Fusch bringen. – Bergtour auf den **Kleinen Eiser,** 2897 m, über die Eiserscharte, 2818 m, 4 Std.: Diese hochalpine Bergtour führt uns vom Gasthaus Heidnische Kirche zum Sedlgrat, bis wir nach der ersten Felsstufe nach links abzweigen und Pfadspuren zum Grießkogelkees folgen. Den Ostgrat des Hocheisers vor Augen steigen wir dem Grat zu und wenden uns nach diesem dem Eiserkees zu, das wir im Hinblick auf Spalten vorsichtig am Seil überqueren. Nun ist die Eiserscharte unser Ziel, welche wir südlich betreten und über den Grat elegant und leicht dem Gipfel entgegen steigen. – Auf den **Hocheiser,** 3206 m, 4 Std.: Vom Gasthaus Heidnische Kirche, dem Denkmal „Aus Arbeit und Opfer ein Werk", welches über dem „Schliefstein" errichtet wurde, wandern wir über den grasigen Rücken auf den Sedlgrat, kommen beim Kreuz des Glocknerblicks vorbei und erreichen den Sedlgratkopf, 2541 m (1¼ Std.). Nun weichen wir nach rechts zum Kleinen Grießkogel aus. Wir biegen nach Süden und erreichen die Zunge eines kleinen Gletschers, den wir überschreiten, um zum markanten Felsgrat zu gelangen. Später beginnt der Firngrat, der schließlich in einem Firnfeld endet. Nach diesem turnen wir über steileres Blockwerk zum schmalen Gipfelgrat, der uns über eine Firnkante zum Gipfel führt. – Zum **Riffltor,** 3100 m, und weiter auf die **Hohe Riffl,** 3338 m, 4 Std.: Über die Drossensperre gelangen wir zum Möllpumpwerk, wo der Uferweg am südöstlichen Rand des Stausees entlang führt. Kurz vor dem Ende des Sees zweigt ein schmaler Steig nach links ab und erklimmt in steilen Kehren die Bärenleiten. Über dem wild zerklüfteten Karlingerkees wechseln wir auf die Verflachung des Oberen Karlingerbodens über und folgen angeseilt dem Anstiegsweg. Die Spuren führen uns direkt zum Riffltor, der breiten Senke zwischen dem Schattseitköpfl und der Hohen Riffl. Vom Riffltor kann man über den Nordostgrat unschwierig zum Gipfel aufsteigen, der ein unvergessliches Panorama bietet. Wendet man sich beim Riffltor nach links, gelangt man bequem absteigend über den Obersten Pasterzenboden zur Oberwalderhütte, 2972 m. – Eine der beliebtesten Touren in der Glocknergruppe führt vom Mooserboden auf das 3564 m hohe **Große Wiesbachhorn,** 5 1/2 Std.: Oberhalb des Möllpumpwerkes steigen wir auf dem ausgetretenen Weg in Serpentinen höher. Sollte man im Frühjahr den Weg verlieren, so hält man sich nicht zu weit rechts, da man sonst in bratschiges Gelände gelangt. Im oberen Teil, kurz vor dem Heinrich-Schwaiger-Haus, gelangt man vom Graben über felsiges Gelände zur Hütte. Der Tiefblick allein auf den Mooserboden ist ein Erlebnis für den „Nur-Hütten-Besucher". Vom Schutzhaus wendet man sich nach Osten und erklimmt den gesicherten Kamin, durch den man auf felsiges Gelände unterhalb des Fochezkopfes gelangt. Eine kleine Felsstufe ist ebenfalls gesichert. Nun wird der Anstieg etwas flacher und um ein Felsköpfl herum erreicht man den Kaindlgrat, der je nach Verhältnissen firnig bis eisig sein kann. Nur das erste Stück ist etwas schmal, dann steigen wir etwas unterhalb der Wächte auf der dem Wielingerkees abgewandten Seite höher. Wieder kommt es auf die Verhältnisse und den ausgetretenen Weg an, ob wir direkt über den Westgrat aufsteigen, oder von der Wielingerscharte, 3255 m, ein Stück nach Süden gehen, um über die westliche Seite zum Westgrat zu gelangen. Der schneidige Gipfelgrat dieses formschönen Berges ist gut begehbar (Steigeisen von Vorteil) und führt auf den freistehenden und darum so aussichtsreichen Gipfel.

LEND I 1

Gemeinde, Bezirk Zell am See, Einwohner: 1500, Höhe: 663 m, Postleitzahl: 5651. **Auskunft:** Tourismusverband Lend-Embach. **Bahnstation:** im Ort. Busverbindungen nach Zell am See, Bad Gastein, St. Johann im Pongau, Dienten am Hochkönig und Embach.

Im engen Tal der Salzach, dort, wo der Wasserfall der Gasteiner Ache durch die Klamm herabstürzt, liegt die Gemeinde Lend. Der Durchfahrende sieht in diesem Ort zuerst das Aluminiumwerk, welches das Aussehen dieses Teils des Salzachtals prägt. Das größere Gefälle des Flusses hat man sich zunutze gemacht, um Elektrizität zu gewinnen, welche gleich am Ort für die Verhüttung gebraucht wird. Der weitaus einladendere Ortsteil Embach liegt auf der sonnigen Hochterrasse. In ruhiger und abgeschiedener Lage wurde das Bauerndorf in etwa 1000 Meter Höhe an dem Verbindungsweg von Lend in das Rauriser Tal errichtet. Der Name „Lend" wird von der Holzlende hergeleitet, die das für den Bergbau im Mittelalter benötigte Holz auf der Salzach abfing. Nach der Einstellung des Bergbaus – es wurden Gold- und Silbererze aus dem Gasteiner- und Raurisertal verarbeitet – wurde auch 1860 das Schmelzwerk stillgelegt und um 1900 wurden die Baulichkeiten für das bestehende Aluminiumwerk adaptiert.

Sehenswert im Ort und in der Umgebung

Die **Pfarrkirche zum hl. Rupert** aus dem 17. Jh. – Im **ehemaligen Verwesschloss**, das um 1600 als Wohn- und Amtssitz des erzbischöflichen Berg- und Hüttenverwalters errichtet wurde, befindet sich seit 1980 das **Gemeindeamt**. – In **Embach/Winkl** die **Wallfahrtskirche Maria Elend**, seit dem 16. Jh. ein beliebter Wallfahrtsort, Neubau der Kirche im Jahr 1842.

Wanderungen und Bergtouren

Siehe auch das Anschlussblatt, KOMPASS-Wanderkarte 40 „Gasteiner Tal – Goldberggruppe".

Zum Scheiblingsee, 1 Std. – Über den Buchberg, 1234 m, nach Goldegg, 2 Std. – Nach Embach über Urbar, 2 Std. – Zur Kitzlochklamm, entlang der Salzach, 2 Std. – Auf den Bernkogel, 2325 m, über die Tischleralm, 5 Std. (mittel, prächtiger Aussichtsberg). – Auf das Rauchkögerl, 1810 m, über die Tischleralm, 2½ Std. (Salzachblick). – Auf das Haßeck, 2119 m, über den Klammberg, 4 Std. (nur für Geübte!). – Auf den Schuhflicker (Arlspitze), 2214 m, über das Haßeck, 6 Std. (Abstieg nach Dorfgastein in 3 Std. möglich, nur für Geübte!).

MATREI IN OSTTIROL B 4

Marktgemeinde, Bezirk Lienz, Einwohner: 5000, Höhe: 1000 m, Postleitzahl: 9971. **Auskunft:** Urlaubsregion Nationalpark Hohe Tauern Osttirol, Informationsbüro Matrei in Osttirol. **Bahnstation:** Lienz (27 km). Busverbindung nach Lienz, zum Matreier Tauernhaus, in das Virgental, nach Mittersill bzw. Kitzbühel durch den Felbertauern-Tunnel. **Bergbahnen:** Matreier Goldried Bergbahnen: 8-er Einseilumlaufbahn, Sessel- und Schlepplifte.

„Steig aus – in die Berge", so lautet der Slogan von Matrei in Osttirol. Und das bedeutet tatsächlich Tiroler Bergferien und Winterurlaub inmitten Österreichs höchsten Bergen. Matrei liegt nämlich ziemlich genau zwischen dem Großglockner, mit 3798 m der höchste Berg Österreichs, und dem nicht minder gewaltigen Großvenediger, 3662 m. Die Marktgemeinde Matrei in Osttirol liegt an der Felbertauern-Straße, die den Alpen-

Matrei in Osttirol/Ganz: Die romanische Kirche zum hl. Nikolaus

hauptkamm von Norden her durchquert. Geprägt wird dieser Ort von der umliegenden Bergwelt des Nationalparks Hohe Tauern. „Matrei in Osttirol besitzt wohl die schönste Umgebung Österreichs", – so schreibt „Trend", das führende Wirtschaftsmagazin. Vom erstklassigen Gourmethotel bis zur Berghütte gibt es alle erdenklichen Unterkünfte mit insgesamt rund 3500 Gästebetten. Überhaupt bietet die ganze Umgebung im „Extrastüberl Tirols" unendlich viele Möglichkeiten für aktiven Sommer- und Winterurlaub. Matrei liegt zentral, viele Ausflugstäler und andere Skigebiete in Osttirol sind ideal erreichbar.
Die Umgebung Matreis in Osttirol dürfte, den Funden nach zu schließen, bereits im ersten vorchristlichen Jahrtausend besiedelt worden sein. Das Gräberfeld bei Welzelach ist hierfür eine Bestätigung. Im ersten Jahrhundert gehörte der Ort Matrei zu Aguntum, der römischen Ansiedlung bei Lienz. Auf Ansiedlungen der Römer kann mit Sicherheit verwiesen werden, denn in Guggenberg fand man Tonscherben und Mauerreste sowie bei Bichl den Grabstein des römischen Senators Popaius. Für die Deutung des Namens Matrei kommen mehrere Möglichkeiten in Frage, jedoch ist einer Erklärung der Vorzug zu geben: Matrei ist möglicherweise keltischer Ableitung: mater kann als Stätte des Mutterkultes aufgefasst werden.
Das vereinzelte Vorkommen an Metallen in der Umgebung des Tauern mag Anreiz für die erste Besiedlung gewesen sein. Jedenfalls weisen Spuren eines römischen Schmelzwerkes bei Seblas darauf hin. Eisen, Kupfer und Schwefelkies waren die Ausbeute, die zufolge des Raubbaus im 18. Jh. erlosch. Die erste urkundliche Erwähnung Matreis datiert in das Jahr 1162, als Konrad de Matrai als Besitzer des Schlosses Weißenstein genannt wird. Neben der bergmännischen Tätigkeit der Bevölkerung war jedoch das Handelsgeschäft weit einträglicher. Mit dem lebhaften Handel über den Felbertauern entwickelte sich der Ort zum Umschlagplatz für südliche Waren und Gebrauchsgüter des Alpenlandes. So wurden Wein, Südfrüchte und Seide gegen Leder, Holz, Tuchwaren und Edelmetalle getauscht. Doch der schmale Saumpfad über den Pass genügte bald den gehobenen Ansprüchen nicht mehr, zudem durch den Verkehr manches Diebesgesindel sich in den Wäldern versteckte. So wurde der Weg erweitert und ab dem 17. Jh. eine Weggebühr eingehoben, die der Erhaltung des Überganges dienen sollte und auch ausreichenden Schutz den Händlern garantierte. Da im Zuge der Technisierung und des Urlaubsverkehrs eine bessere Nord-Süd-Verbindung dringend erforderlich wurde – zumal nach der Abtrennung Südtirols von Österreich nach dem Ersten Weltkrieg keine kurze Verbindung zwischen Nord- und Osttirol bestand, die Großglockner-Hochalpenstraße war überdies im Winter gesperrt – entschloss man sich um 1950 zum Bau eines wintersicheren Überganges. So wurde die Idee des Felbertauern-Tunnels geboren, der das Salzachtal mit Osttirol verbindet. Im Jahre 1962 wurde mit dem Bau der Straße begonnen und der 5,2 km lange Tunnel durch den Alpenhauptkamm gebohrt. Unter viel Aufopferung und Fleiß konnte die Straße im Jahre 1967 an den öffentlichen Verkehr freigegeben werden (Mautgebühr). Somit war nicht nur für den Urlaubsverkehr, sondern auch für den Nahverkehr eine geeignete Verbindung geschaffen worden. Im engen Zusammenhang mit dem Bau dieser Straße steht auch der Aufschwung in tourismusmäßiger Hinsicht in Osttirol. Man besann sich wieder der alten Kulturgüter und ließ auch den Urlaubsgast daran teilhaben. Die im heidnischen Kulturgut wurzelnden Matreier „Kleibeife" (4. – 6. Dezember) sind nur ein Beispiel des vielseitigen Brauchtums.

Sehenswert im Ort und in der Umgebung

Die **Pfarrkirche zum hl. Alban** wurde 1776 – 1784 neu erbaut; den großen Bau schmückt noch der alte gotische Turm. Die Deckengemälde schuf im Jahr 1783 Franz

Anton Zeiller. – Im Ortsteil **Ganz** die sehenswerte romanische **Kirche zum hl. Nikolaus** (12. Jh.); beeindruckende romanische Fresken. – Das **Heimatmuseum**. – Das **Freiheitsdenkmal** von einem einheimischen Künstler. – Der **Europa-Panoramaweg** führt von der Bergstation der Blauspitzbahn zur Bergstation der Goldried-Bergbahn. – Das **Schloss Weißenstein** aus dem 12. Jh., das älteste Gebäude in Osttirol; heute in Privatbesitz. – Das **Zedlacher Paradies**, eine botanische Sehenswürdigkeit mit 600 Jahre alten Lärchenbeständen (Stammumfang bis 7 m!) und einem **Waldlehrpfad**, der mit geschmiedeten Figuren (3 m großer Bär, riesige Ameise, etc.) vom Matreier Kunstschmied Erich Trost geschmückt ist. – Im **Nationalparkhaus** am Kirchplatz befindet sich die modern gestaltete **Ausstellung „Tauernwelten"**. Sie erzählt über die Besiedlungsgeschichte der Bergtäler, zeigt die Tier- und Pflanzenwelt mit ihren Lebensräumen und birgt einen Gletscherbach. Eine faszinierende 3-D-Schau gibt Einblick in die Gletscher und für Kinder gibt es eine Spielecke mit Naturspielen. Im Nationalpark-Shop sind zahlreiche Bücher, Poster, Karten und Mitbringsel erhältlich.

Lärchen im Zedlacher Paradies

Der ÖAV-Gletscherlehrweg Innergschlöss

Der mitten im Nationalpark Hohe Tauern gelegene ÖAV-Gletscherlehrweg beginnt beim Matreier Tauernhaus, 1512 m, das bereits im 15. Jh. Erwähnung fand. Der Weg führt über das Almdorf Außergschlöss und vorbei an der Felsenkapelle zum Venedigerhaus, 1689 m, in Innergschlöss, einem der schönsten Talschlüsse der Ostalpen. Man kann

Innergschlöss – einer der schönsten Talabschlüsse der Ostalpen im Herbstgewand

auch mit einer Pferdekutsche dieses Ziel erreichen! Nach Überquerung des Gschlössbaches auf dem Badener Höhenweg „Rudolf-Zöllner-Weg" die Steilstufe hinauf zum Salzbodensee, wo der eigentliche Gletscherlehrweg beginnt. Vorbei am „Auge Gottes", einem Tümpel mit einer Wollgrasinsel, und nach Überquerung des Schlatenbaches geht es unterhalb der Gletscherzunge des Schlatenkeeses entlang, bis man in 2200 m Höhe den Prager Hüttenweg erreicht. Von hier den Weg über zahlreiche Serpentinen hinunter zum Fahrweg, der wieder hinaus zum Matreier Tauernhaus führt. Der Zeitaufwand für die Begehung des Gletscherlehrweges beträgt etwa 5 Stunden.

Wanderungen und Bergtouren

Siehe auch Anschlussblatt, KOMPASS-Wanderkarte 46 „Matrei in Osttirol – Kals am Großglockner".

In einer Länge von 23 Kilometern führt der **Tauerntal-Wanderweg** von Matrei in Osttirol über das Tauernhaus, Außergschlöss (Frauenbrunn und Felsenkapelle) und Innergschlöss bei herrlichem Blick auf das Venedigermassiv. Besondere Sehenswürdigkeit: zahlreiche Wasserfälle. Gesamtwanderzeit 7–8 Std. (leicht).

Spaziergang durch den Ort zum Schwimmbad, 15 Min. – Wanderung entlang des Tauernbachdammes und über Seblas am Hildenweg zurück nach Matrei, 2 Std. – Zur St. Nikolaus-Kirche und zum Römerstein, 1½ Std. – Zum Klaunzbühel und zur Klaunzkapelle, ½ Std. – Drei-Brücken-Spaziergang: Bichler Brücke – Zeller Brücke – Brugger Brücke, 1 Std. – Zum Zedlacher Paradies auf dem Thiemeweg, 3 Std. – Nach Mitteldorf über die Silbergrube, 1½ Std. – Nach Huben, 3 Std. – Vom Matreier Tauernhaus zum „Venedigerblick" und über den markierten Weg zum Grünen See, 2½ Std. (leicht). – Vom „Venedigerblick" zum Zirmkreuz, 1984 m (hervorragende Aussicht!), 2 Std. – Auf den Falkenstein, 1711 m, über Glanz, 1½ Std. – Von Glanz zur Jausenstation Kuenzer Alm (Innere Steiner Alm), 1770 m, 3 Std. (leicht). – Von Glanz zur Jausenstation Äußere Steiner Alm, 1914 m, 2 Std.; und weiter dem Steiner Bach entlang zur Sudetendeutschen Hütte, 2656 m, insgesamt 4 Std. – Auf den Großen Zunig, 2776 m, südwärts über die Zunigalm, 1855 m, 5½ Std. – „Europa-Panoramaweg" von der Bergstation der Goldried-Bergbahnen zum Kals-Matreier-Törl-Haus, 2207 m, und weiter zur Bergstation der Kalser Bergbahnen, Restaurant Blauspitz, 2305 m, 2 Std. (leicht). Herrliche Aussicht auf 60 Dreitausender! Weiter am Sudetendeutschen Höhenweg zur Sudetendeutschen Hütte, 2656 m, 2½ Stunden ab dem Restaurant Blauspitz. – Auf den Ochsenbug (Kristallkopf), 3007 m, von Hinteregg, 4 Std. (nur für Geübte). Und viele andere Bergtouren sind möglich!

MITTERSILL A 1

Marktgemeinde, Bezirk Zell am See, Einwohner: 5450, Höhe: 788 m, Postleitzahl: 5730. **Auskunft:** Tourismusverband Mittersill. **Bahnstationen:** Mittersill (Pinzgauer Lokalbahn) und Zell am See (Schnellzugstation, 28 km). Busverbindung nach Krimml, Kitzbühel, Lienz und Zell am See. **Bergbahnen:** Skigebiet am Pass Thurn, Gondelbahnen, Sessel- und Schlepplifte. Skigroßraum Kitzbühel insgesamt 64 Liftanlagen.

Der Hauptort des Oberpinzgaues ist der Markt Mittersill. Die erste Besiedlung dieser Gegend dürfte in der Bronzezeit (2200 – 1200 v. Chr.) erfolgt sein, als man hier Kupfer geschürft hat. In der Hallstatt-, Kelten- und Römerzeit dürfte es hier keine Siedlungen gegeben haben. Die erste urkundliche Erwähnung stammt aus dem Jahr 963. Um 1100 verlieh der Herzog von Bayern dem Grafen von Lechsgmünd die Grafschaft Oberpinzgau von Walchen bis Krimml. In einer Urkunde aus dem Jahr 1180 nennt sich der Lechsgmünder „Chonradus Comes (= Graf) de Mitersele" nach seiner Burg Mittersill. Heinrich von Mittersill verkaufte 1207 die Herrschaft Matrei und den Besitz im Ober-

Im Jahr 2006 feierte die Pinzgauer Lokalbahn ihr 100-jähriges Bestehen!

pinzgau an Erzbischof Eberhard in Salzburg. Durch diese kluge Politik der Salzburger Erzbischöfe wurde der Zugang zum Felber Tauern im Norden wie im Süden erzbischöfliches Eigentum. Von 1300 bis 1550 wurde der Weg über die Tauern zur wichtigen Verkehrsverbindung zwischen Bayern und dem oberitalienischen Raum, vor allem wurde mit Wein, Salz und Gewürzen gehandelt. An der Kreuzung der wichtigen Handelswege (Pass Thurn, Felber Tauern, Salzachtal, Gerlos, Krimmler Tauern) entwickelte sich Mittersill zu einem wichtigen Umschlagplatz. Im Jahr 1348 wurde es zum ersten Mal als Markt erwähnt. Wiederholte Überschwemmungen, Vermurungen und Großbrände behinderten in der Folgezeit die Weiterentwicklung der Ortschaft. Charakteristisch sind noch bei einigen älteren Häusern die Treppenaufgänge zum erhöhten Erdgeschoss (Hochwasserschutz!). Zur Sicherung der Saumwege und zum Schutze der Reisenden wurden drei Tauernhäuser errichtet. Zum Markt Mittersill gehören u. a. auch die kleinen Ortschaften Felben und Klausen am Eingang des Felbertales. Mittersill ist Ausgangspunkt der nach Süden führenden Felber-Tauern-Straße, die durch den (mautpflichtigen) Felber-Tauern-Tunnel nach Matrei in Osttirol führt.

Sehenswert im Ort und in der Umgebung

Die **Pfarrkirche zum hl. Leonhard** wurde im 13. Jh. erstmals erwähnt. Nach einer großen Brandkatastrophe entstand der heutige Barockbau in den Jahren 1746 – 1749 unter der Leitung des Hofbauverwalters Johann Kleber. Die Inneneinrichtung ist einheitlich aus der Barockzeit. Hoch- und Seitenaltäre stammen aus dem 18. Jh. Das Hochaltarbild konnte noch aus der alten Kirche gerettet werden: Es wurde 1620 vom Dombaumaler Arsenion Mascagni geschaffen und zeigt den hl. Leonhard mit Bittstellern. Das Kostbarste ist die Steingussstatue des Kirchenpatrones im ersten Chorjoch; sie stammt aus dem Jahr 1420. Die meisterhaft gefertigte Kanzel kommt aus der Werkstatt von Petrus Schmid. – In der Ortsmitte die **St.-Anna-Kirche**, die 1747 – 1751 an Stelle der alten Pfarrkirche im tirolisch-bayerischen Rokokostil erbaut wurde. Die Malereien schuf A. Ch. Mayr aus Schwaz, während die Skulpturen wahrscheinlich vom einheimischen Künstler Petrus Schmid sind. – **Schloss Mittersill** wurde als Sitz des Grafen von Lechsgmünd bereits im 12. Jh. erwähnt. In den Bauernkriegen 1525 wurde die Burg niedergebrannt, in der Folge jedoch in seiner heutigen Form wieder aufgebaut. Ein kunsthistorischer Schatz ist die spätgotische Kapelle im Obergeschoss des Hexenturmes. Nach einer wechselvollen Geschichte mit vielen verschiedenen Besitzern ist es heute in Privatbesitz. Besichtigung mit Führung sowie Cafebetrieb nur in den Monaten Juli und August. – Ein beliebter Wallfahrtsort des Oberpinzgaues ist die **Kapelle Maria am Anger** auf dem Weg nach Felben. Sie wurde 1875 erbaut und beherbergt als Gnadenbild eine Marienstatue mit einer dreifachen Krone. – In **Felben** steht ein Kunstjuwel des Oberpinzgaues: Die spätgotische **Kirche zum hl. Nikolaus**. Sie wurde wahrscheinlich anstelle eines noch älteren Baues errichtet. Den frühbarocken Altar schmücken gotische Statuen der 14 heiligen Nothelfer und des Kirchenpatrons. Die Rokokoaltäre stammen aus dem Jahr 1770, die Emporen und das Gestühl wurden Ende des 18. Jh. gefertigt. – In **Felben** hatten die Herren von Velben, ein Ministerialengeschlecht aus Salzburg, ihren Stammsitz. Der **Felberturm** erhebt sich gleich hinter der Kirche. Der aus Backsteinen erstellte Bau geht auf die Mitte des 12. Jh. zurück und ist ein charakteristisches Beispiel für die ersten Wehranlagen nicht so begüterter Herren. Nach dem Aussterben der Velber fiel die Burg 1442 an den Erzbischof, der sie an verdiente Hofbeamte verlieh. Ab 1480 war hier der Getreidespeicher des Kelleramtes zu Stuhlfelden untergebracht. Im 19. Jahrhundert war der Turm dem Verfall preisgegeben, bis sich die Gemeinde Mittersill entschloss, den Turm zu renovieren und zum **Heimatmuseum** umzugestalten, das seit 1969 nun hier untergebracht ist. Es informiert über den Nationalpark Hohe Tauern, das Handwerk, die Tierwelt der Heimat, den Wald (Schädlinge und Nützlinge), den Wolframbergbau einst und jetzt, den Skilauf, den Alpinismus, das Schulwesen und die Feuerwehr und zeigt bäuerliche und sakrale Kunst. Ein Naturkleinod ist die **Schösswendklamm** am Eingang des Felbertales. – Eine ökologische Besonderheit ist der **Elisabethsee** im Felbertal. „Windlöcher" sorgen für ein außergewöhnliches hochalpines Klima auf ca. 1600 m Seehöhe. – Im Talschluss wurde der **Hintersee** durch einen Bergsturz aufgestaut, ausgelöst durch ein Erdbeben im Jahr 1495. – Ein **Naturlehrpfad** besteht am Hintersee: 11 Tafeln geben Informationen über Flora, Fauna und Geologie. – Mit der 8-er Gondelbahn (Talstation Grubing/Hollersbach im Pinzgau) der **Panoramabahn** Kitzbüheler Alpen erreichen Sie den Wasenmoosweg (Mittelstation Breitmoos) oder die **Resterhöhe** (Resterkogel) am Pass Thurn. – **Nationalpark-Besucherzentrum**.

Wanderungen und Bergtouren

Sonnseite: Panoramaweg 73, 3 Std. – Zum Sonnberghof über Rettenbach, Wege 63 und 15, 2 Std. – Achleitrunde, Weg 61, 1¾ Std. – Schlossrundweg 65, 1 Std. – Zum Sticklhof (Stickleiten, Stuhlfelden), Weg 75, 1¾ Std. – Zum Pass Thurn, Wege 71, 71 A, 71 C, 71 D, 3½ Std. – Auf den Rescheskogel, 2182 m, Weg 746, 3½ Std.

Schattseite: Kneipplehrpfad 58, 1 Std. – Zum Berghof (Hollersbach), Weg 56, 2¾ Std. – Zum Hintersee durch das Felbertal, Weg 80, 3 Std. – Zum Hintersee, ca. 1300 m, auf dem alten Tauernweg über Schösswendklamm und das Tauernhaus-Spital, Weg 80, 1 Std. – Zur St. Pöltner Hütte, 2481 m, vom Hintersee über das Trudental, Weg 917, 4½ Std. – Felber-Berg-Runde, Weg 82, 2½ Std. – Auf den Pihapper, 2513 m, über die Platte (2 Std.), Weg 935, 4½ Std.: Von Mong auf markiertem Weg zur Mittersiller Platte, 1787 m, dann flach auf Weg 935 Richtung Südwesten weiter und in Richtung Süden auf den Bergrücken zum Vorgipfel „Plungsberg",

Der Pihapper, 2518 m, südlich von Mittersill

2414 m. Für den 40-minütigen schmalen Weiterweg zum Gipfel des Pihapper sind Trittsicherheit und Schwindelfreiheit (Blockgelände, Kletterpassage mit Leiter) erforderlich. Sehr schöner Ausblick auf die 3000-er des Nationalparks Hohe Tauern und auf die Pinzgauer Grasberge. – Auf den Zwölferkogel, 2446 m, über die Bräu-Hochalm, Weg 530, 4½ Std.

NIEDERNSILL CD 1

Gemeinde, Bezirk Zell am See, Einwohner: 2480, Höhe: 769 m, Postleitzahl: 5722. **Auskunft:** Tourismusverband Niedernsill. **Bahnstationen:** Niedernsill (Pinzgauer Lokalbahn) und Zell am See (Schnellzugstation, 12 km). Busverbindung nach Zell am See und Krimml.

Dort, wo die Salzach zwischen Kapruner- und Stubachtal eine kleine, sanfte Schleife bildet, liegt Niedernsill. Eingebettet zwischen den Kitzbüheler Alpen im Norden und den Hohen Tauern im Süden, ist der Ort ein wunderbarer Ausgangspunkt für Wanderungen. Lohnend ist eine Wanderung am **Vitalisweg**, ein gut beschilderter Wanderweg im Rahmen des Projektes Arnoweg. Dieser Wanderweg führt vom Arnoweg am Niedernsiller Sonnberg zum Krefelderweg in den Hohen Tauern und zum Arnoweg im Süden.

Sehenswert im Ort und in der Umgebung

In der Dorfmitte steht die **Pfarrkirche zur hl. Lucia**, die urkundlich bereits 1409 nachgewiesen wurde. Der jetzige neuromanische Bau stammt aus der Zeit um 1880 und wurde in den Jahren 1996 – 2000 renoviert. – **Freizeitzentrum** mit Badesee, Fußballplatz, Tennis, Minigolf, Skaterplatz, Bogenschießplatz, Eisschießbahnen und Badesee-Restaurant Libelle. – Im **Samerstall** die **„Niedernsiller Schatztruhe"** mit einer Noriker Ausstellung und einer Schusterwerkstätte.

Wanderungen und Bergtouren

Zur Grünalm, 1722 m, über Schröck, 3 Std. – Zur Plattalm, 1496 m, 2½ Std. – Auf das Nagelköpfl, 1090 m, 1¼ Std. – Auf den Zirmkogel, 2215 m, 4½ Std. – Zur Schmittenhöhe, 1965 m, über den „Pinzgauer Spaziergang", 5 Std. – Zu den Hackelberger Seen, 4½ Std. – Zur Krefelder Hütte, 2293 m, zuerst das Mühlbachtal einwärts, dann über die Lakarscharte, 2488 m, 6 Std. – Auf die Hohe Arche, 2453 m, 5½ Std. – Auf das Breiteck, 2114 m, 4 Std.

Rundwanderungen: Niedernsill – Jausenstation Hochprack – Gitschen – Niedernsill, 3 Std.; Niedernsill – Steindorf – Krautgrub – Nagelköpfl – Walchen – Hummersdorf – Schaumberg – Niedernsill, 4 Std.; Niedernsill – Mühlbach – Schröck, 1½ Std. – Niedernsill – Lengdorf – Lengberg – Kremersberg – Mühlbach – Niedernsill, Weg Nr. 8, 4 Std.

PIESENDORF D 1

Gemeinde, Bezirk Zell am See, Einwohner: 3750, Höhe: 785 m, Postleitzahl: 5721. **Auskunft:** Fremdenverkehrsverband Piesendorf. **Bahnstationen:** Piesendorf (Pinzgauer Lokalbahn) und Zell am See (8 km). Busverbindung nach Zell am See und Krimml.

Am Nordsaum der majestätischen Kulisse der Hohen Tauern schmiegt sich Piesendorf an die sonnenreiche Seite des Salzachtales. Von dem beliebten Ferienort bieten sich Bergtouren aller Schwierigkeitsgrade, vom Pinzgauer Spaziergang auf dem Sonnberg bis zur Besteigung der grandiosen Dreitausender der Glocknergruppe.

Sehenswert im Ort und in der Umgebung

In der Dorfmitte die **Pfarrkirche zum hl. Laurentius**. Die in den letzten Jahren durchgeführte Gesamtrestaurierung der gotischen Pfarrkirche erfuhr durch die Auffindung von umfassenden mittelalterlichen Wandmalereien und des ehemaligen Südportals eine nicht alltägliche Bereicherung. In der **Michaelskapelle** konnte ein Wandmalereienzyklus aus dem frühen 15. Jh. mit reich schablonierten Umrahmungen freigelegt werden. Entdeckt wurde auch ein ungewöhnlich qualitätsvolles Freskofragment des hl. Christophorus aus dem 14. Jh. – **Chinesenstadt**. Ausstellung im Kulturraum (Gemeindeamt) über die von Sebastian Perfeller (1814 – 1883) erbaute chinesische Ansiedlung (Piesendorf Fürthergraben) bestehend aus verschiedenen Pavillons, Galerien, Rosengärten und Alleen. Ganzjährig geöffnet. – In **Aufhausen** die einschiffige barocke **Filialkirche zum hl. Leonhard**. – Die **Piesendorfer Klamm**.

Wanderungen und Bergtouren

Nach Niedernsill, 1½ Std. – Zur Hochsonnbergalm, 1841 m, über Angerberg, 3½ Std; von hier zur Schmittenhöhe, 1965 m, 2 Std. – Zur Hochsonnberghütte, 1843 m (Selbstversorgerhütte, nur für Alpenvereins-Mitglieder), am Vitalisweg, 3 Std. – Zur Pinzgauer Hütte, 1700 m, über Hochmaurach, 3½ Std. – Zur Schmittenhöhe, 1965 m, über die Breiteckalm, 4 Std. – Zum Dürnberger Eck, 1711 m, über Wengerberg, 3¾ Std. – Zur unbewirtschafteten Unterbergalm über Dietlanger, 4 Std.

RAURIS H 2

Marktgemeinde, Bezirk Zell am See, Einwohner: 3070, Höhe: 949 m, Postleitzahl: 5661. **Auskunft:** Tourismusverband Rauris. **Bahnstationen:** Taxenbach (9 km), Zell am See (Schnellzugstation, 25 km) und Schwarzach-St. Veit (25 km). Busverbindung nach Taxenbach und im Sommer bis Kolm-Saigurn. **Bergbahnen:** Gondelbahn, Sessel- und Schlepplifte.

Das gastliche Salzburger Bergdorf liegt in einem weiten windgeschützten Talkessel am Fuße des Hohen Sonnblicks, 3106 m, der die imposante Bergkulisse des Tales überragt. Das Wappen des Ortes erinnert an vergangene Zeiten: Auf rotem Grund ist eine weiße Geiß und darunter die Berghämmer auf Gold. Der Rauriser Ignaz Rojacher – die gleichnamige Hütte erinnert an ihn – wurde um 1880 Besitzer des Goldbergbaus; 1886 errichtete er das Observatorium (meteorologische Station) am Hohen Sonnblick. Alte Bergknappentradition spricht auch heute noch aus den prächtigen Bürgerhäusern von Rauris. Erker und Kielbogentor zieren die alten Gewerkenhäuser, in denen die Goldschürfer wohnten. Mit dem Versiegen des Goldsegens wurde es Ende des 19. Jh. recht still. 1927 wurde das Bergwerk endgültig geschlossen. Die Bevölkerungszahl nahm ab und die Marktgemeinde lebte von der Landwirtschaft und Viehzucht. Das Nebeneinander von alten Knappenhäusern und Salzburger Paarhöfen kennzeichnet das Ortsbild. In Verbindung mit dem zunehmenden Tourismus vergrößerte sich der Ort und zahlreiche Aufstiegshilfen wurden gebaut. Dabei wurde auf die Erhaltung der Naturlandschaft besonderer Wert gelegt. Weite Teile des Rauriser Tals sind von technischen Aufstiegshilfen verschont. Die Natur des Rauriser Tals, und wie es im Süden heißt, Hüttwinkltal, ist reich gesegnet. Außer Halbedelsteinen, nach denen der Mineraliensammler sucht, gibt es mehrere Fundorte von Bergkristallen und für den Botaniker eine reiche Fundgrube an Alpenpflanzen, die in beinahe jedem Seitental in natürlicher Vielfalt gedeihen. Öfters bekommt man auch im Sommer den Gänsegeier im Rauriser Tal zu Gesicht; ebenso kann der Bartgeier das ganze Jahr über gesehen werden. Er wurde 1986 im Rahmen eines Projekts des WWF und des Alpenzoos Innsbruck im Rauriser Tal und Krumltal ausgesetzt.

Als besondere Tourismusattraktion wird, gründend auf der Bergbauvergangenheit, das Goldwaschen angepriesen. 1986 und 1994 wurden in Rauris die Goldwasch-Weltmeisterschaft abgehalten.

Die Ortschaft Rauris

Sehenswert im Ort und in der Umgebung

Die ursprünglich gotische, dann barockisierte **Pfarrkirche zu den hll. Jakob und Martin**. – Im Friedhof die kleine spätgotische **Michaelskapelle**. – Der **Ortskern** wird von mittelalterlichen Gewerkenhäusern geprägt. – Die Schwerpunktsthemen im **Rauriser Talmuseum** sind: Goldbergbau, bäuerliche Arbeitswelt, Handwerk, Brauchtum, Tier- und Vogelwelt, Mineralien, Sonnblick-Observatorium und Nationalpark Hohe Tauern.

Wanderungen und Bergtouren

Höhenweg über die Kapelleralm nach Embach, 3½ Std. – Zum Agerwirt entlang des Stausees, 1 Std. – Zur Heimalm, 1469 m, 1½ Std. oder mit der Gondelbahn. – Zum Rauriser Tauernhaus, 1526 m, im Seidlwinkltal, 3 Std. – Nach Wörth, 1 Std. – Zur Kreuzbodenhütte, 1170 m, ½ Std. – Auf den Bernkogel, 2325 m, 4 Std. (nur für Geübte!). – Auf das Mitterkögerl, 2098 m, 3 Std. (mittel). – Auf den Kramkogel, 2454 m, über die Retteneggalm, 1782 m, 5 Std. (mittel). – Rundwanderung: Berggasthaus Karalm, 1420 m – Seebachkatzenkogel, 2148 m – Jedlkopf, 2176 m – Seebachscharte, 1995 m – Berggasthaus Karalm, 7 Std. (nur für Geübte!). – Auf das Grubereck, 2167 m, über das Berggasthaus Karalm, 1420 m, 3½ Std. (mittel, guter Aussichtsberg!). – Weitere Bergtouren finden Sie unter Kolm-Saigurn.

Die kleine Ansiedlung **Kolm-Saigurn, 1596 m,** ein Ortsteil von Rauris, im Talschluss des Hüttwinkls hat ihren Ursprung vermutlich in der Römerzeit. Nahe dem heutigen Naturfreundehaus (früher nach dem Erschließer der Sonnblickgruppe auch Arlthaus bezeichnet) haben schon die Römer Golderze abgebaut. Knappenhäuser, Reste der Erzlagerungs- und Werkstättengebäude und Ruinen erinnern an die einstige reiche Bergbauzeit. Heute ist Kolm-Saigurn ein ständig bewohnter Ort, der mit dem Gasthof Ammererhof und dem Naturfreundehaus einen wertvollen Stützpunkt für Bergsteiger, Skitourengeher und Eiskletterer darstellt. Von hier führt eine Materialseilbahn auf den Hohen Sonnblick, 3106 m, zur höchsten Wetterwarte der Ostalpen. Der Hohe Sonnblick ist auch die talbeherrschende Berggestalt, die mit der gewaltigen 1500 m hohen Nordostflanke ins Tal abstürzt. Kolm-Saigurn ist das Ziel ambitionierter Mineraliensammler, die im eisfrei gewordenen Gletschervorfeld nach Halbedelsteinen und Goldglimmer suchen. Hier befindet sich auch eine Informationsstelle und ein Museum über den Nationalpark Hohe Tauern und ein Waldmuseum. Lohnend ist eine Wanderung am Gletscher-Schaupfad.

Das „Naturfreunde-Dorf" Kolm-Saigurn; dahinter der vereiste Hauptfall (45 m hoch, 20 m breit), einer von 20 bekletterbaren Eisfällen in Hüttennähe; rechts der Hohe Sonnblick, 3106 m

Bergtouren

Zur Oberen Zitterauer Alm, ca. 1850 m, über den Zimburgweg, 5½ Std. (nur für Geübte!). – Zum Marie-Valerie-Haus, 1589 m, über die Riffelscharte, 2472 m, 5 Std. (mittel). – Zum Naturfreundehaus Neubau, 2176 m, 2 Std. (mittel). – Zur Duisburger Hütte, 2573 m, über die Fraganter Scharte, 2754 m, 6 Std. (nur für Geübte, Gletschertour). – Zur Rojacherhütte, 2719 m, 3½ Std. (mittel). – Zum Zittelhaus am Hohen Sonnblick, 3106 m, 5½ Std. (nur für Geübte!). – Zur Bockhartseehütte, 1933 m, über die Bockhartscharte, 2226 m, 4 Std. (mittel). – Zur Märchenkarhütte, 1925 m, 1½ Std. (leicht). – Auf den Seekopf, 2413 m, 3½ Std. (mittel). – Auf den Goldbergtauernkogel, 2776 m, 4½ Std. (nur für Geübte, Gletschertour). – Zum Niedersachsenhaus, 2472 m, 2½ Std. (mittel). – Auf die Herzog-Ernst-Spitze, 2933 m, über das Niedersachsenhaus, 4½ Std. (nur für Geübte!). – Auf den Hocharn, 3254 m, über den Erfurter Weg, 6 Std. (nur für Geübte, alpine Hochtour!).

STUHLFELDEN B 1

Gemeinde, Bezirk Zell am See, Einwohner: 1600, Höhe: 789 m, Postleitzahl: 5724. **Auskunft:** Tourismusverband Stuhlfelden. **Bahnstation:** Stuhlfelden (Pinzgauer Lokalbahn) und Zell am See (Schnellzugstation, 24 km). Busverbindung nach Krimml und Zell am See.

Stuhlfelden ist ein kleiner Erholungsort in einer klimatisch bevorzugten Lage am Sonnenhang der Pinzgauer Schieferalpen. Vom höchsten Grasberg Europas, dem 2363 m hohen Geißstein, bietet sich ein wunderbarer Ausblick auf die Tauern, Großglockner und den Großvenediger. Auf eine Besiedlung bereits in der Urnenfelderzeit (1250 – 750 v. Chr.) weist der Fund einer Bronzeaxt hin, die wohl einem Bergknappen gehört haben mag.

Bereits im Jahr 963 wird „Stuolveldun" genannt: In einer Urkunde tauscht eine Frau Rosmout mit dem Erzbischof Friedrich ein Stück Wald gegen ein Gut in Stuhlfelden. Im Jahr 1160 wird der Pfarrer Heinrich von Stuhlfelden erwähnt, damit ist diese Gemeinde die älteste Pfarre des Oberpinzgaues und reichte von Krimml bis Niedernsill. Die Familie der Velber hatte in dieser Kirche eine ihrer Begräbnisstätten. Im Mittelalter gab es in Stuhlfelden ein ganz besonderes Amt: Der „Kellner" war Steuereintreiber und Gutsverwalter für das Erzstift. (Diese Bezeichnung kommt vom Lateinischen cellarius, was auf die Einkellerung des über die Tauern gebrachten Weines hinweist). Der Kellner Haimeran Oberndorffer plante im Jahr 1551 den Neubau des Krimmler Tauernweges.

Sehenswert im Ort und in der Umgebung

In der **Pfarrkirche Maria am Stein** sind noch das Langhaus und das Südportal aus der Romanik erhalten, der Chor und der Turm wurden in der Zeit der Gotik erbaut. Der Hochaltar von 1783 aus Adneter und Untersberger Marmor wurde vom Salzburger Hofbauverwalter Wolfgang Hagenauer entworfen und vom Steinmetzmeister Johann Högler ausgeführt. Im Mittelpunkt des Altars steht die Madonna mit Kind, welche bereits um das Jahr 1475 entstanden sein dürfte. – Seit dem Jahr 1930 war die Hauptschule, seit 1979 ist die Sonderschule im **Schloss Lichtenau** untergebracht. Der Bergwerksunternehmer Wilhelm Rosenberger hatte es 1506 bauen lassen. Umbauten im Jahr 1624 gaben dem Schloss seine heutige Gestalt. – Im Weiler **Pirtendorf** wurde der **„Unterzehentner"** bereits 1410 urkundlich erwähnt, besonders schön sind die mächtigen Gewölbe und die getäfelte Hauskapelle. – Der **Naturlehrpfad im Pirtendorfer Talboden**. Es handelt sich dabei um den bedeutendsten Feuchtigkeitskomplex im Oberpinzgau; es ist der Lebensraum besonderer und bedrohter Pflanzen und Tiere. – In **Wilhelmsdorf** wurde das **Schloss Lambach** 1352 zum ersten Mal urkundlich als Besitz der Velber erwähnt. Der „Kellner" Melchior Welser ließ es 1591 umbauen und seit 1680 befand es sich meist in bäuerlichem Eigentum. Die gotische Kapelle mit einem zierlichen Barockaltar mit blauer Fassung stellt ein künstlerisches Kleinod dar. – Die **Quellen** des **Bades Burgwies** sind bereits seit dem späten 15. Jh. wegen ihres Schwefel- und Eisengehaltes bekannt. Der Bau des Bades stammt aus dem Jahr 1840, es wurde um 1950 erweitert. – **Denkmal** für Kaiser Franz I. anlässlich der Salzachregulierung 1832, im Jahr 1837 errichtet. – Den **Trestererlauf** gibt es nur in Stuhlfelden: Die „Tresterer" – eine Gruppe von etwa 6 Männern, 1 Hanswurst und 2 Klarinettisten (sogenannte Schönperchten mit bunten Federkronen als Kopfschmuck) – ziehen am 6. Jänner (Hl.-Drei-König-Tag) von Bauernhof zu Bauernhof und führen dort eine Art Kulttanz auf, der die bösen Geister für das kommende Jahr vertreiben soll.

Wanderungen und Bergtouren

Nach Mittersill über Burgwies, 1 Std. – Nach Uttendorf über Litzldorf, 1 Std. – Zur Bürglhütte, 1695 m, 2½ Std. – Auf den Gaisstein, 2363 m, über die Rossalpe und den Birkkogel, 5½ Std.

TAXENBACH H 1

Marktgemeinde, Bezirk Zell am See, Einwohner: 2800, Höhe: 776 m, Postleitzahl: 5660. **Auskunft:** Fremdenverkehrsverband Taxenbach. **Bahnstationen:** im Ort und Zell am See (17 km). Busverbindung nach Zell am See und St. Johann im Pongau sowie in das Rauriser Tal.

Taxenbach liegt am westlichen Rand der Enge, durch die die Salzach ein antezedentes Durchbruchstal geschaffen hat. Nach Westen weitet sich das Salzachtal und geht in das weite Zeller Becken über. Reiche Wiesen und Bergmähder umgeben den kleinen Straßenort, der Ausgangspunkt der Straße ins Rauriser Tal ist. Als besondere Sehenswürdigkeit ist die Kitzlochklamm zu bezeichnen, durch welche die Rauriser Ache ins Salzachtal hinunterstürzt. Die Kitzlochklamm liegt im Bereich der geologischen Formation der Klammkalke.

Sehenswert im Ort und in der Umgebung

Die **Dekanatskirche zum hl. Andreas**, im Kern gotisch, im 17. Jh. teilweise neu gebaut; sehenswerte Krypta. – Die **Kitzlochklamm** mit einer **Tropfsteinhöhle** und dem 100 Meter hohem **Kitzlochfall**.

Wanderungen und Bergtouren

Zur Kitzlochklamm, ¼ Std. – Nach Rauris, 2 Std. – Zum Statzerhaus am Hundstein, 2117 m, 4½ Std. (mittel) – Nach Embach über Embachrain, 1½ Std.

UTTENDORF B 1

Gemeinde, Bezirk Zell am See, Einwohner: 2850, Höhe: 803 m, Postleitzahl: 5723. **Auskunft:** Tourismusverband Uttendorf – Weißsee. **Bahnstationen:** Uttendorf (Pinzgauer Lokalbahn) und Zell am See (Schnellzugstation, 20 km). Busverbindung nach Krimml und Zell am See.

Uttendorf

Der Ort liegt auf einem sanft geneigten Schwemmkegel am Eingang des Stubachtales.

Bereits von 1800 vor Christus (Mittlere Bronzezeit) bis zum 5. Jh. nach Christus war der Steinerbichel, etwas oberhalb der Ortschaft, bewohnt, wie archäologische Funde beweisen. Derzeit wird das Dorf rekonstruiert und aufgebaut. Wissenswertes über das prähistorische Volk der Kelten kann man bei Führungen erfahren. Der dazugehörige Friedhof befand sich westlich der Siedlung. Hier wurden mehr als 400 sogenannte Steinkistengräber aus der Hallstattzeit (750 und 600 vor Christus) entdeckt und erforscht, in denen die Verstorbenen nach einer Feuerbestattung samt ihrer persönlichen Habe beigesetzt wurden. Die Funde sind im Salzburger Museum Carolino Augusteum zu sehen.

Im Mittelalter gehörten viele Güter im Gebiet Uttendorf dem Kloster St. Peter in Salzburg und den Stiften Millstatt in Kärnten und Berchtesgaden in Bayern.

Heute ist Uttendorf – Weißensee ein zentraler und bekannter Urlaubs- und Erholungsort. In dieser Zeit war das Stubachtal (seinen Namen hat es vom stäubenden Wasser des Baches) noch reich mit Wald bedeckt und das Holz wurde von den Halleiner Salinen genutzt.

Sehenswert im Ort und in der Umgebung

Die **Pfarrkirche zum hl. Rupert** wurde zwar 1320 urkundlich erwähnt, der heutige Bau ist jedoch aus der Zeit um 1470. Aus dieser Zeit stammt auch die besonders schöne Statue der hl. Margaretha mit dem Drachen. Die Barockeinrichtung wurde leider Ende des 19. Jh. entfernt und durch eine neugotische ersetzt. – Südlich von Uttendorf liegt die **Filialkirche zur hl. Margaretha**. In dem kleinen gotischen Bau haben sich einige Fresken erhalten. An der linken Langhauswand spätromanische Wandmalerei (Margarethen-Legende); das Wandfries und die drei Heiligen entstanden um 1400. Um die gleiche Zeit wurde an der linken Chorbogenwand der hl. Christophorus gemalt. Simon Benedikt Faistenberger schuf 1686 den Hochaltar. – Beim **Hof Wiedrechtshausen** im **Stubachtal,** erstmals 1333 erwähnt, befindet sich eine Besonderheit, nämlich die auf Holz gemalte Sonnenuhr aus dem Jahr 1580. Sie zeigt neben den Stunden von Uttendorf auch die von Madrid, Paris, London, Wien, Konstantinopel und Jerusalem. – Der schlossartige **Bauernhof Reichensberg** trägt die Jahreszahl 1594. Das Fresko an der Nordwand stellt eine Pinzgauer Jagd dar und stammt aus dem 17. Jh. – Der **Schmetterlings-Lehrweg** führt auf rund 300 Höhenmeter verteilt, vom Ortszentrum, vorbei am originalgetreu nachgebauten Keltendorf am Steinerbichl, in Richtung Liebenberg. Er quert den exponierten Trockenhang mit seiner wärmeliebenden Pflanzen- und Insektenwelt. – Eine **Nationalpark-Informationsstelle** befindet sich beim Erlebnisbadesee. Hier bekommt der Besucher Einblick über Gletscherkunde, Mineralien, ausgerottete und wiedereingebürgerte Tierarten sowie die Schmetterlingswanderung in den Hohen Tauern und enthält ein Besucherinformationssystem mit ca. 300 Seiten Information über den Nationalpark Hohe Tauern. – Die mautfreie **„Panoramastraße Stubachtal“** führt in eines der beeindruckendsten Tauerntäler. – Mit den **Weißsee Gletscherbahnen** wählt man wohl den schönsten und bequemsten Einstieg in den **Nationalpark Hohe Tauern** und begibt sich in die Welt der Gletscher, der 3000-er Gipfel und zu den schönsten Bergpanoramen und Seen der Alpen. Ein besonderes, nicht alltägliches Juwel, der **„Wiegenwald“** lädt zum Staunen ein. Nicht umsonst preisen Naturforscher und Kenner das **Stubachtal** in seinem Gesamteindruck als eines der schönsten und vielseitigsten Alpentäler; von der gemütlichen Almwanderung bis hin zur Gletschertour! Insgesamt stehen über 40 km markierte Wanderwege zur Verfügung. Ausgangspunkt für geführte Berg- und Gletscherhochtouren ist das **Berghotel Rudolfshütte *****, 2311 m, am Weißsee.

Panorama beim Weißsee

Gletscherwelt am Weißsee

Wanderungen und Bergtouren

Siehe auch das Anschlussblatt, KOMPASS-Wanderkarte 38 „Venedigergruppe – Oberpinzgau“.

Nach Stuhlfelden über Litzldorf, 3/4 Std. – Nach Mittersill über Litzldorf, Pirtendorf und südlich entlang der Salzach, 2 Std. – Schwarzenbachrunde, 1½ Std. – Zur bewirtschafteten Hochsonnberghütte, 1800 m, 3 Std. – Auf den Manlitzkogel, 2247 m, über die bewirtschaftete Manlitzkarhütte, 1800 m, 5 Std. – Zur Dürsteinalm, 1500 m, 1½ Std. – Zum Sommertor, 1939 m, 5 Std. – Kalser-Tauern-Wanderung, 2515 m, auf den Spuren der Römer von Salzburg nach Osttirol, eine Tour für geübte und trittsichere Wanderfreunde, die über eine gute Ausdauer verfügen, Ausgangspunkt ist das Berghotel Rudolfshütte, 6 Std. – Kapruner-Törl-Wanderung, 2639 m, hochalpine Überschreitung vom Stubach- in das Kaprunertal; Ausgangspunkt ist das Berghotel Rudolfshütte, 6 Std. – Gletscherlehrweg zum Sonnblickkees, 2315 m, 2 Std. – Gletscherlehrweg zum Ödenwinkelkees, 2069 m, 3 Std. – Gipfeltouren auf 3000-er (Stubacher Sonnblick, 3088 m, Granatspitze, 3086 m, etc.). – In der Nähe der Rudolfshütte der Kristall-Klettersteig: Schwierigkeitsbewertung: E!, schwierigster Klettersteig Österreichs, Kletterlänge: ca. 400 m.

Eine Möglichkeit zur Orientierung ist das **GPS** (Global Positioning System). Mit einem GPS-Gerät kann man weltweit seine Position (Angabe in Koordinaten) bestimmen. Möglich ist dies durch Satelliten, die die Erde in etwa 20.200 km Höhe mit einer Geschwindigkeit von ca. 11.200 km/h umkreisen und laufend Signale senden. Verwendet man ein GPS, muss man das MapDatum und das zugrunde liegende Ellipsoid des jeweiligen Landes in Erfahrung bringen, weil man sonst falsche Koordinatenangaben erhält. Der Umgang mit einem GPS-Gerät verlangt allerdings ein sehr gutes Wissen im Kartenlesen und vor allem Übung im Handling.

Die nachstehende Tour wurde dem Großen Wander-Atlas Nationalparks in Österreich, Verlagsnummer 599, entnommen.

Die Glocknerrunde

In sieben Tagen rund um den höchsten Berg Österreichs

Rauf kommt nicht jeder: Bergwanderern setzt der 3798 m hohe Großglockner schier unüberwindliche Hindernisse – mit Gletscherspalten, scharfen Felsgraten und dem berüchtigten Glocknerleitl. Umrunden lässt sich der höchste Österreicher jedoch relativ einfach – schneefreies Gelände und stabiles Schönwetter vorausgesetzt.

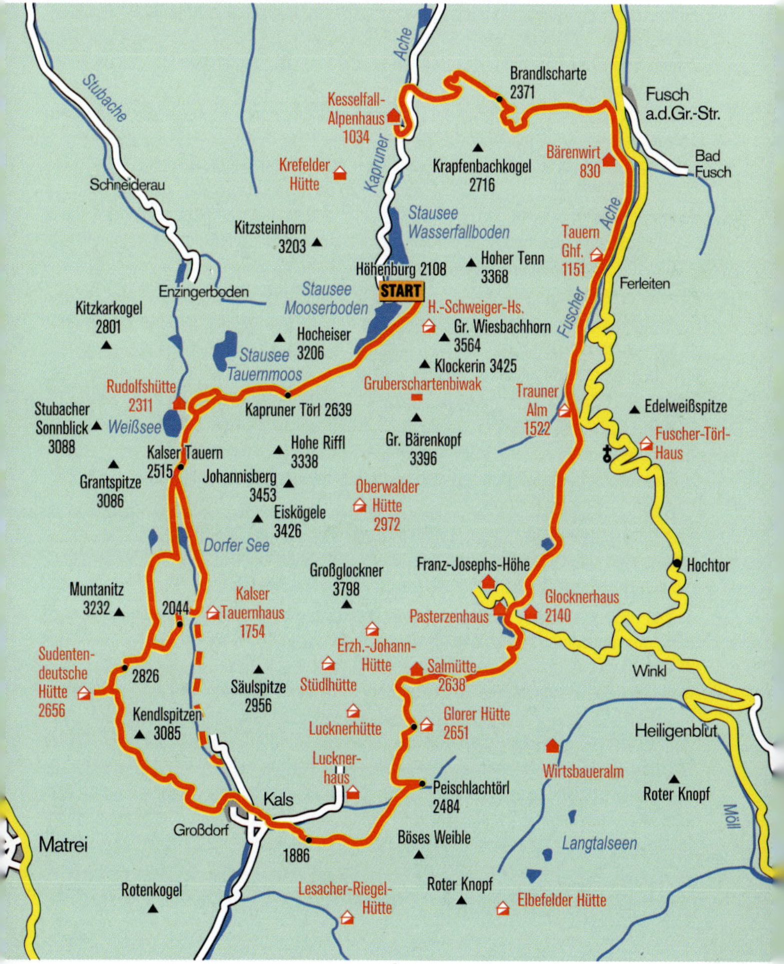

Der Österreichische Alpenverein hat in Zusammenarbeit mit dem Nationalpark Hohe Tauern die Voraussetzungen für einen Weitwanderweg der ganz besonderen Art geschaffen. Wer den Schildern der Glocknerrunde folgt, „schaukelt" eine Woche lang von Hütte zu Hütte und erlebt dabei nicht nur landschaftliche Höhepunkte, sondern gewissermaßen auch alpine Geschichte im Zeitraffer. Die Hochgebirgsstauseen von Kaprun, im Stubachtal und am Ursprung der Möll stehen im Kontrast zu weltvergessenen Gletscherkaren, aus dem Bergbaurevier von Kals wurde ein Skigebiet und gleich neben der Großglockner-Hochalpenstraße breitet sich uraltes, bis heute mühevoll gepflegtes Bergbauernland aus. Selbst die einzelnen Etappenziele spiegeln die wechselhafte Entwicklung – vom Gründerzeit-Charme der Salmhütte bis zum modernen Berghotel Rudolfshütte. Unterwegs prägt natürlich immer wieder der Großglockner das Bild – ein Berg-Herrscher von jeder Seite. Daneben gibt's viele weitere Naturwunder zu entdecken: Felszinnen und Aussichtslogen, Eisbrüche und die längste Gletscherzunge der Ostalpen, Seen, Wasserfälle und Moore.

Eine kostenlose Broschüre über die Glocknerrunde gibt's beim Österreichischen Alpenverein, Tel. ++43 (0)512/59547-20,
ww.alpenverein.at/naturschutz/Nationalpark_Hohe_Tauern/Glocknerrunde
Geführte Touren: Tel. ++43(0)6562/40939 • www.nationalpark.at

Ausgangspunkt: Kaprun, 786 m. Per Bus zum Kesselfall-Alpenhaus. Weiter mit einem Shuttlebus, dem Lärchwand-Schrägaufzug und einem weiteren Bus zur Endstation Heidnische Kirche am Stausee Mooserboden, 1672 m.

Charakter: mehrtägige, hochalpine und landschaftlich großartige Bergwanderung von Hütte zu Hütte. Die Glocknerrunde verläuft auf meist gut markierten, aber stellenweise schmalen und felsigen Steigen, die Trittsicherheit und Schwindelfreiheit erfordern. Nur bei guten Wetterverhältnissen ratsam, besondere Vorsicht ist bei Altschneefeldern geboten!

Gehzeit: 1. Tag: 5 – 6 Std., 2. Tag: 6 Std. (Variante 7 h), 3. Tag: 4 Std.,
4. Tag: 5 – 6 Std., 5. Tag: 3 Std. (Variante 4 Std.), 6. Tag: 8 Std., 7. Tag: 6 – 7 Std.
Höhenunterschied: 5300 m Aufstieg und 6200 m Abstieg (Varianten 600 m mehr).

Einkehr: am Stausee Mooserboden, Berghotel Rudolfshütte, Sudetendeutsche Hütte (eventuell Kalser Tauernhaus), Lucknerhaus, Glorer Hütte, Salmhütte, Glocknerhaus, Trauneralm, Gleiwitzer Hütte; Gasthöfe, Hotels oder Pensionen in Kaprun, Kals am Großglockner, Heiligenblut, Ferleiten und Fusch an der Glocknerstraße.

1. Tag: Wir überqueren die beiden Dammkronen des Mooserboden-Stausees, dem wir dann auf dem Weg Nr. 716 entlangwandern. Weiter in den vergletscherten Talschluss hinein. Nach einem Moränenwall durch den Schutt und Schnee der „Wintergasse" aufwärts, an einem kleinen See vorbei und am Fuße des mächtigen Hocheisers ins Kapruner Törl, 2639 m, hinauf. Jenseits steigen wir über ein Grasband und eine steile Schuttstufe ins Kar unter dem Torkees hinab. Zwischen Gras und Latschen (Hintere Ochsenflecke) zum Tauernmoossee, an dessen Südufer wir links abbiegen. Bei der nächsten Abzweigung nach rechts. Bald müssen wir entscheiden, ob wir rechts auf dem Weg über den Hinteren Schafsbichl oder auf der anspruchsvolleren „Steinernen Stiege" (Stahlseile, Leiter) zum Berghotel Rudolfshütte emporsteigen. Noch eindrucksvoller ist der links in den Ödenwinkel führende Gletscherlehrweg. Er biegt vor dem Ödenwinkelkees unter Johannisberg, Eiskögele und Kastengrat scharf rechts ab und führt zur Rudolfshütte hinab (1 – 1,5 Std. länger).

Hinweis: Von der Rudolfshütte kann man auf dem Weg Nr. 715 in 2 Std. via Grünsee zum Enzingerboden absteigen – oder mit der Seilbahn hinabfahren. Nach Uttendorf im Salzachtal besteht eine Busverbindung.

2. Tag: Wir gehen von der Rudolfshütte auf dem Weg Nr. 711 zum Weißsee und zum Kalser Tauern hinauf, 2515 m. Abstieg ins Dorfertal zum Tauernbrünnl. Bei der folgenden Abzweigung rechts Richtung Sudetendeutsche Hütte, über den Seebach und auf dem Silesia-Höhenweg (Nr. 517) im Auf und Ab durch die Steilhänge hoch über dem Dorfer See (Prachtblick zum Großglockner und zu den Gletschern auf der gegenüberliegenden Talseite). Vor dem Spinevitrolkopf rechts abzweigen, unter dem Luckenkogel und dem Großen Muntanitz zur Muntanitzschneid und in den Muntanitztrog hinab (Einmündung des Weges Nr. 514). Rechts weiter, durch die Ploiwand und zum Gradötzsattel, 2826 m. Durch das Moränengelände vor dem Gradötzkees zur Einmündung des Sudetendeutschen Höhenweges und rechts zur Sudetendeutschen Hütte, 2656 m.

Variante: Einfacher ist es, unterhalb des Tauernbrünnls links auf dem Weg Nr. 711 ins einsame Dorfer Tal abzusteigen. Vorbei am Dorfer See gelangt man zum Kalser Tauernhaus, 1754 m. Dort rechts abzweigen und auf dem steilen Serpentinensteig Nr. 514 neben dem Stotzbach zum Muntanitztrog empor. Weiter wie oben beschrieben.

Hinweis: Vom Kalser Tauernhaus führt ein Fahrweg durch das untere Dorfer Tal und die eindrucksvolle Daberklamm nach Kals am Großglockner hinaus (2 Std.).

3. Tag: Nun geht's auf dem Sudetendeutschen Höhenweg (Nr. 502) wieder zurück, bei der zweiten Abzweigung jedoch nach rechts, durch das Stellachkar unter dem Gradötz und zur engen Dürrenfeldscharte hinauf (Seilsicherung). Dahinter in steilen Kehren ins karge Dürrenfeld hinab. Es folgt die lange Querung der steilen, von Rinnen durchfurchten Grashänge unter dem Tschadinhörndl bis zum Hohen Tor, 2477 m. Auf dem mittleren der drei hier zusammentreffenden Steige, dem Aussig-Teplitzer-Weg (Nr. 516), durch die Nordhänge unter dem Blauen Knopf und der Blauspitze. Links zum Knappenloch hinab und ins Skigebiet der Ganotzalm. Links zur Kapelle am Ganotzegg. Weiter zum Gasthof Glocknerblick und nach Großdorf ins Kalser Tal hinab. 1 km weiter in den Hauptort Kals-Ködnitz, 1324 m.

4. Tag: Wir wandern zunächst in den Kalser Ortsteil Glor. Nach den Häusern rechts abzweigen und den Ködnitzbach übersetzen. Dann folgen wir dem Forstweg, der in einer Linkskurve aufwärts führt. Nach 150 m treffen wir auf den Wegweiser „Lesachriegel". Auf dem gut ausgetretenen Steig erst in der Falllinie, dann in Serpentinen aufwärts. Nach 1,5 h erreicht man die Glorer-Garten-Alm. Links weiter und zu einem Brunnen, bei dem ein Schild zur Tschadinalm weist. Diesem folgend über die Mähder der Tschadinalm zum Peischlachbach. Nach seiner Überquerung rechts zum Peischlachtörl empor. Von

dort folgen wir links dem sanft ansteigenden Wiener Höhenweg (Nr. 713) zur Glorer Hütte, 2642 m, im Berger Törl. Nach dem Wegweiser „Salmhütte“ zur nahen Abzweigung. Links auf dem Lucknerweg (Nr. 45) am Oberen Glatzsee vorbei und in eine von Bächen durchplätscherte Mulde hinab. Gerade auf die Glatzschneidhöhe, jenseits den felsigen Glatzgang hinunter (Seilsicherung) und zur Wegkreuzung im hintersten Leitertal. Rechts abzweigen und auf dem Wiener Höhenweg (Nr. 702) zur Salmhütte, 2644 m.
Variante: Man kann von der Glatzschneidhöhe auch rechts über den Glatzberg zum Leiterbach ab- und zum Weg Nr. 702 hinaufsteigen. Auf diesem zur Salmhütte.

5. Tag: Weiter geht's auf dem Wiener Höhenweg (Nr. 741) in östlicher Richtung durch die immer steiler werdenden Wiesen unter dem riesigen, seltsam geformten Schwerteck, dem Schwertkopf und den Leiterköpfen zur Stockerscharte. Hier erblickt man zum ersten Mal die Gletscherzunge der Pasterze. Nun führt der Pfad steil hinunter. Nach der zweiten Kehre rechts zum Wiesenboden „Am Seele“ und weiter zum Margaritzenstausee hinunter, 2000 m. Wir überqueren die beiden Dammkronen zum Nordufer. Zuletzt müssen wir rechts auf dem Gletscherweg Pasterze noch 132 Höhenmeter zum Glocknerhaus an der Glockner-Hochalpenstraße ansteigen.
Variante nach Heiligenblut: von der Salmhütte auf dem Leitersteig (Nr. 919) in Serpentinen hinunter. Von der Weggabelung links und dem Weg Nr. 919 folgend über den Leikaufbichl zum Leiterbach hinab. Auf dem Leitersteig talauswärts, bis wir rechts über einen Steg gehen und zur Trogalm ansteigen. Bei der folgenden Abzweigung geradeaus weiter und durch einen Waldhang zur Bruchetalm hinab. Dort links abzweigen, auf einem Fahrweg am „First“ vorbei und durch eine Felswand ins Mölltal hinab (lohnender Abstecher zum Gößnitzfall). Nach rechts und auf der Straße oder – schöner – auf dem Naturlehrweg Gößnitzfall-Kachlmoor (kleiner See) zur Möllbrücke. Links nach Heiligenblut hinauf, 1291 m.

6. Tag: Vom Glocknerhaus steigen wir auf dem Klagenfurter Jubiläumsweg (Nr. 702) zur Unteren Pfandlscharte an, 2663 m. Jenseits folgen wir dem steilen Weg Nr. 728 durch Schneefelder und Geröll links vom Nördlichen Pfandlschartenkees zum „Späherbrünnl“ hinab. In Kehren über den Oberen und den Unteren Pfandlboden zur Trauneralm abwärts. Von dort auf dem Fahrweg zum flachen Talboden des Ferleitentales hinunter. Neben dem Piffmoos und entlang der Fuscher Ache gelangen wir zum Tauerngasthof in Ferleiten. Der Wanderweg führt links der Fuscher Ache talauswärts nach Fusch, 813 m. Man kann von der Mautstelle in Ferleiten aber auch mit dem Bus dorthin fahren.
Variante ab Heiligenblut: Nach der Auffahrt mit der Großglockner-Bergbahn wandern wir von der Bergstation in nordöstlicher Richtung auf den Gipfel des Scharecks, 2606 m. Dann folgen wir dem Geo-Trail „Tauernfenster“ über den Gratrücken und steil zur Mauskarscharte hinunter (Seilsicherungen). Auf dem Pfad Nr. 160 weiter zum Tauernkopf. Links auf dem Klagenfurter Jubiläumsweg (Markierung Nr. 102) zum Hochtor, 2505 m. Von dort gelangt man per Bus nach Fusch hinunter.

7. Tag: Von Fusch marschieren wir auf dem Weg Nr. 725 nach Süden. Bald rechts abzweigen und durch die Waldhänge südlich des Hirzbachs zur gleichnamigen Alm hinauf. Rechts in vielen Kehren zur Gleiwitzer Hütte, 2174 m. Dann folgen wir dem Weg Nr. 723 nach Norden zur ersten Gabelung. Links in die Brandlscharte, 2371 m, und jenseits gegen den Roßkopf hinunter. Es folgt der Abstieg links davon zur einstigen Harleitenalm, links in den Schwarzenbachgraben und zum Parkplatz der Gletscherbahn Kaprun, 911 m. Von dort fährt der Bus nach Kaprun hinaus.

TELEFONNUMMERN DER WICHTIGSTEN ALPENGASTHÖFE UND UNTERKUNFTSHÜTTEN

Glocknergruppe

Ebmattenhütte-Fürthermoaralm 0 654 7/71 58-23 4 35 und 0 65 49/72 08
Erzherzog-Johann-Hütte 0 48 76/85 00 und 0664/923 70 30
Fuscher-Törl-Haus 0 65 45/74 20 und 0 65 42/53 4 82
Gleiwitzer Hütte 0676/478 34 20
Glocknerhaus 0 48 24/24 6 66
Glorer Hütte 0664/303 22 00
Gruberscharten-Biwak 01/40 52 657 (ÖAV Wien)
Heinrich-Schwaiger-Haus 0 65 47/86 62
Kaiser-Franz-Josef-Haus 0 48 24/25 12
Kalser Tauernhaus 0 48 76/83 93 und 0664/985 70 90
Karl-Volkert-Haus 0 48 24/25 18
Krefelder Hütte 0 65 47/77 80 und 0 65 48/83 96
Leo-Spanraft-Glockner-Biwak 0 42 42/28 95 84 (ÖAV-Sektion Villach)
Lucknerhaus 0 48 76/85 55
Lucknerhütte 0 48 76/84 55 und 82 21
Oberwalderhütte 0 48 24/25 46 und 0 48 25/61 16
Salmhütte 0 48 24/20 89 und 0650/471 10 02
Schwarzenberghütte 0664/490 85 84
Stüdlhütte 0 48 76/82 09 und 22 1 44
Wallackhaus 0 48 24/22 23

Granatspitzgruppe

Blauspitz Bergrestaurant 0 48 76/82 33-40 und 0664/358 76 26
Glocknerblick 0 48 76/83 15 und 84 73
Goldried-Bergbahn-Bergstation 0 48 75/60 67
Kals-Matreier-Törl-Haus 0699/111 01 073 und 0 48 75/62 14
Karl-Fürst-Hütte 0 27 42/31 03 11
Rudolfshütte 0 65 63/82 21 und 0 65 42/788
St. Pöltner Hütte 0 65 62/62 65 und 0 65 48/84 26
Sudetendeutsche Hütte 0 48 75/64 66 und 0676/707 98 93

Goldberggruppe

Alter Pocher 0 48 24/24 6 57 und 0664/502 19 70
Ammererhof 0 65 44/81 12
Duisburger Hütte 0664/44 53 353
Heimalm 0 65 44/63 34
Kreuzboden 0 65 44/64 96
Naturfreundehaus Kolm-Saigurn 0 65 44/81 03 und 0664/131 89 29
Naturfreundehaus-Neubau 0 65 44/81 81 und 0664/494 52 83
Niedersachsenhaus 0 47 33/3 65 + 0664/55 34 870
Otto-Umlauft-Biwak 0 42 74/37 09 (im Tal)
Rojacherhütte 0664/131 89 29 und 0664/274 16 56
Sadnighaus 0 48 25/20 0 50 und 0 48 25/593
Valeriehaus 0 64 34/34 21
Zittelhaus 0 65 44/64 12 und 0676/53 61 644

TELEFON- UND FAXNUMMERN DER TOURISMUS- BZW. FREMDENVERKEHRSVERBÄNDE

	Telefon	Fax
Bruck an der Großglocknerstraße	0 65 45/72 95	0 65 45/72 95-13
Fusch an der Großglocknerstraße	0 65 45/72 95	0 65 45/72 95-13
Heiligenblut	0 48 24/20 01-21	0 48 24/20 01-43
Kals am Großglockner	0 48 76/88 00	0 48 76/88 00-14
Kaprun	0 65 42/770	0 65 42/72 0 32
Lend	0 65 43/72 15	0 65 43/73 40
Matrei in Osttirol/Oberes Iseltal	0 48 75/65 27	0 48 75/65 27-40
Mittersill	0 65 62/42 92	0 65 62/50 07
Niedernsill	0 65 48/82 32	0 65 48/84 28
Piesendorf	0 65 49/72 39	0 65 49/82 21
Rauris	0 65 44/62 37	0 65 44/70 49
Stuhlfelden	0 65 62/43 65	0 65 62/43 65-33
Taxenbach	0 65 43/52 52	0 65 43/52 52-5
Uttendorf	0 65 63/82 79	0 65 63/85 85

Alle Angaben ohne Gewähr!